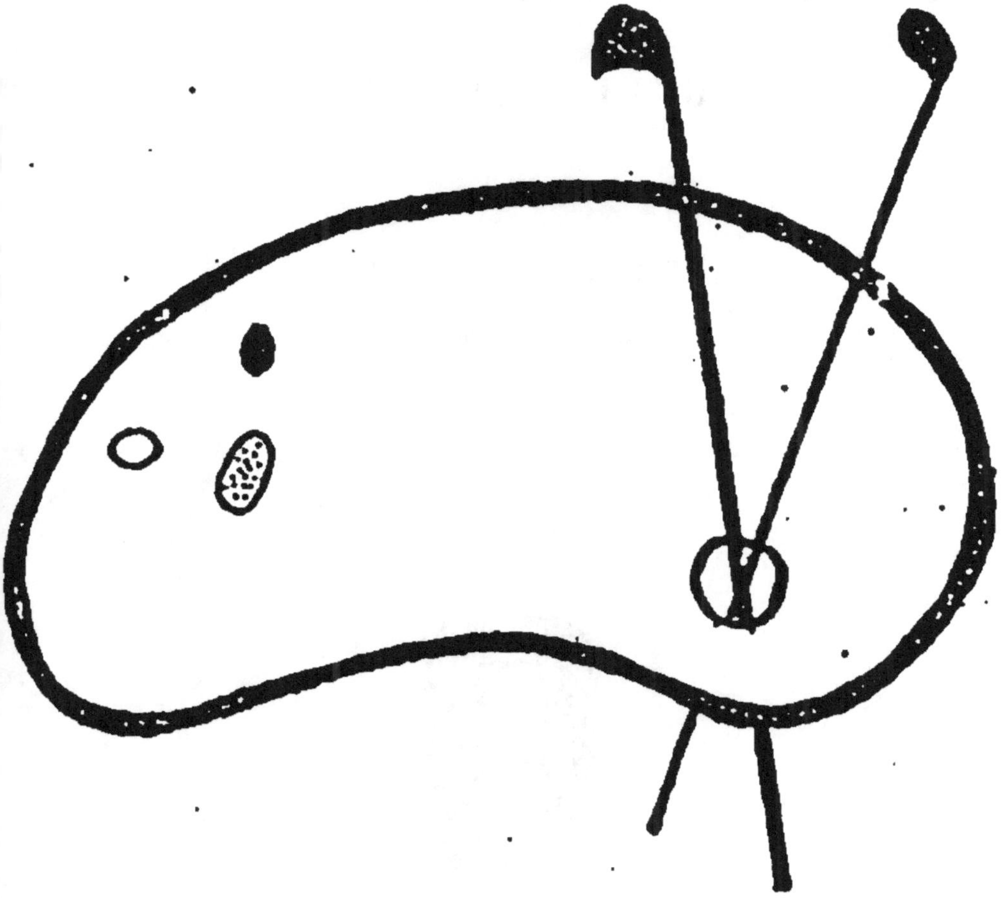

DEBUT D'UNE SERIE DE DOCUMENTS
EN COULEUR

LE
TRIBUNAL CRIMINEL DE LIMOGES

SOUS LA CONVENTION

PAR

L'ABBÉ A. LECLER

CHANOINE HONORAIRE

LIMOGES
IMPRIMERIE ET LIBRAIRIE LIMOUSINES
DUCOURTIEUX & GOUT
7, RUE DES ARÈNES, 7

1918

OUVRAGES DU MÊME AUTEUR :

Martyrs et Confesseurs de la foi du diocèse de Limoges pendant la Révolution française. Limoges, Vᵉ Ducourtieux, 1892-1904, 4 vol. in-8. 32 fr.

Le Limousin et la Marche au Tribunal révolutionnaire de Paris — Biographies et pièces formant le dossier de cinquante et quelques victimes de ce Tribunal. Limoges, Ducourtieux et Gout. 1912-1914, 3 volumes in-8° .... 24 fr.

Le Tribunal criminel de Limoges sous la Convention. — Limoges, Ducourtieux et Gout, 1918, in-8°................................ 2 fr

Histoire de l'abbaye de Grandmont. — Limoges, Ducourtieux et Gout. 1911, 1 vol. in-8° orné de gravures................................ 10 fr.

Vie du R. P. Charles Frémon, réformateur de l'Ordre de Grandmont. — Limoges, Ducourtieux et Gout, 1910, 1 vol. in-8°

Chronique du monastère de Saint-Pierre de Solignac. — Limoges, Vᵉ Ducourtieux, 1 vol. in-8°, orné de gravures, 1895.. .... 3 fr.

Boubon. Monographie d'un monastère de Fontevrault au diocèse de Limoges (1106-1792), en collaboration avec M. Et. Rayet. — Limoges, Ducourtieux et Gout, 1903, in-8° orné de deux gravures........ 4 fr,

Chroniques ecclésiastiques sur la Marche et le Limousin. — 1 vol. in-8°. Tulle, Mazeyrie, Limoges, Vᵉ Ducourtieux, 1891. .... 10 fr.

L'Épiscopat français au XIXᵉ siècle. — *Diocèse de Limoges.* — Paris 1907, 1 vol. in-4°.

Histoire de l'Eglise et de la paroisse de Saint-Michel-des-Lions à Limoges. Limoges, Ducourtieux et Gout. En cours de publication.

Histoire de l'Eglise et de la paroisse de Saint-Pierre-du-Queyroix à Limoges — Limoges, Ducourtieux et Gout. En cours de publication

Notice historique sur le sanctuaire de Notre-Dame-de-Sauvagnac — Limoges, Dumont. 1904, in-8°............................... 1 fr.

Notes et documents pour servir à l'histoire de l'Eglise de Limoges, pendant le XIXᵉ siècle. Limoges, Pierre Dumont, 1912, 1 vol. in-12

Les Fanaux en Limousin. — Brochure gr. in-8°. — Limoges, Chapoulaud frères, 1863 (épuisée).

Étude sur les Lanternes des Morts. Première partie 1882. Deuxième partie 1885. — Limoges, Ducourtieux. Tulle, Crauffon, 2 vol. in-8°.

Etudes sur les cloches de l'ancien diocèse de Limoges. — Brochure in-8°. — Limoges, imp. Vᵉ Ducourtieux, 1902, orné de plusieurs gravures. 3 fr. Supplément, Limoges, Ducourtieux et Gout, 1913. in-8"........ 2 fr.

Etude sur les souterrains-refuges de l'époque gauloise dans le département de la Haute-Vienne. — Limoges, Vᵉ Ducourtieux, 1893. in-8.

La vierge ouvrante de Boubon. — Brochure gr. in-8°. — Limoges, Vᵉ Ducourtieux, 1889.............................. 1 fr. 50

Etude sur les mises au tombeau. — Brochure gr. in-8°. — Limoges, Vᵉ Ducourtieux, 1888...................................... 1 fr.

Inscriptions limousines en langue romane. — Brochure grand in-8°. — Limoges, Chapoulaud frères, 1882...................... 1 fr.

Pouillé du diocèse de Limoges, dédié à Monseigneur Louis-Charles du Plessis-d'Argentré, évêque de Limoges. 1773. Orné d'une carte du diocèse de Limoges. — Limoges, Vᵉ Ducourtieux, 1887, in-8°...... 4 fr.

Pouillé historique du diocèse de Limoges, d'après le manuscrit de l'abbé Joseph Nadaud, 1775. — Orné d'une carte du diocèse de Limoges — Limoges, Ducourtieux et Gout, 1904, in-8°.. . ... 12 fr

OUVRAGES DU MÊME AUTEUR (*suite*)

Dictionnaire topographique, archéologique et historique de la Creuse. — Limoges, Ducourtieux et Gout, 1902, 1 vol. in-18 de 810 p. orné de plusieurs gravures (Épuisé).

Dictionnaire topographique, archéologique et historique de la Haute-Vienne. — En cours de publication.

Visite archéologique à la cathédrale de Limoges. — Brochure In-8°. — Paris, Ernest Thorin et Delagrave, 1878..... .... 50 c.

Monographie du canton de Nantiat, 1869;
   —   — *de Châteauponsac, 1872; 2ᵉ édit. 1893.*
   —   — *de Bessines, 1873;*
   —   — *de Châteauneuf-la-Forêt, 1875;*
   —   — *de Saint-Mathieu, 1881;*
   —   — *d'Aixe-sur-Vienne, 1887;*
   —   — *de Nieul. 1891;*
(Brochures gr. in-8°. — Limoges, Chapoulaud frères et Vᵉ Ducourtieux). Chaque monographie 1 fr., sauf celle de Saint-Mathieu 1 fr. 50.

Monographie de la commune de Compreignac. — Brochure grand in-8° avec trois gravures. — Limoges, Vᵉ Ducourtieux, 1890. .... 2 fr.

Monographie de la commune de Thouron. — Brochure grand in-8 avec deux gravures. — Limoges, V Ducourtieux, 1893; 2ᵉ éd. 1909.. 2 fr.

Monographie de Saint-Priest-sous-Aixe. — En cours de publication.

Monographie de l'asile d'aliénés de la Haute-Vienne. — Brochure grand in-8 de 87 pages, avec cinq photogravures et un plan de Naugeat. — Vᵉ H Ducourtieux, 1901........................ .... 2 fr.

Nobiliaire du diocèse et de la généralité de Limoges, par l'abbé Joseph Nadaud, curé de Teyjac. — 4 vol. gr. in-8°. — Limoges, imp. Vᵉ H Ducourtieux, 1863-1882 (Épuisé, très rare).

Nobiliaire de la généralité de Limoges, par Simon des Coustures, procureur de Sa Majesté en la vérification des titres de noblesse faite en 1666 par M. d'Aguesseau. — Limoges, Vᵉ Ducourtieux. 1901, 1 vol. In-8° 10 fr.

Armorial des évêques de Limoges et de Tulle. — Brochure gr. in-8°. — Limoges, Chapoulaud frères, 1872 (Épuisé).

Recueil d'armoiries limousines de Philippe Poncet peintre émailleur en collaboration avec M. Louis Guibert. — Limoges, Ducourtieux et Gout. 1904, un vol. in-8° orné de cinq gravures................. .. 5 fr.

Généalogie de la famille Lamy de La Chapelle. — Petit in-8. — Limoges, Chapoulaud frères, 187 (Non mis dans le commerce).

Généalogie de la famille du Breuil de Souvolle. — Petit in-8. — Limoges Chapoulaud frères, 1875. (Non mis dans le commerce).

Généalogie de la maison de Lambertie. — Limoges. Imp. Vᵉ H Ducourtieux, 1895. Gr. in-4° de 178-cccxxii p. Titre rouge et noir, orné de 160 reproductions d'armoiries, 16 vues de châteaux et 41 portraits en héliogravure.... .... 50 fr.

Généalogie de la famille Germain de La Pomélie. — Gr. in 4°. — Limoges. imp. Vᵉ H. Ducourtieux. 1896. (Non mis dans le commerce).

Les hommes de Guerre limousins. — L'adjudant général Lavalette des Vérines. — Limoges, Ducourtieux et Gout, 1913, in-8°.

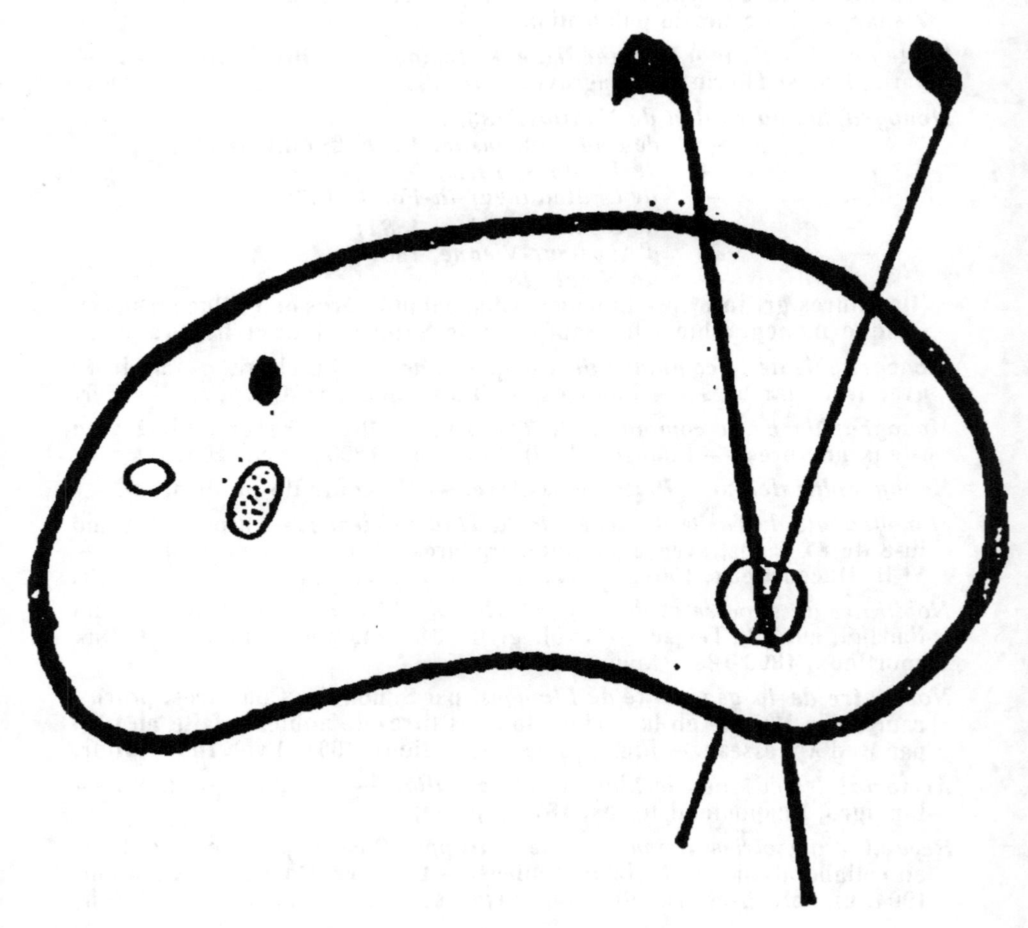

FIN D'UNE SERIE DE DOCUMENTS
EN COULEUR

LE
TRIBUNAL CRIMINEL DE LIMOGES

SOUS LA CONVENTION

PAR

L'ABBÉ A. LECLER

CHANOINE HONORAIRE

LIMOGES

IMPRIMERIE ET LIBRAIRIE LIMOUSINES

DUCOURTIEUX & GOUT

7, RUE DES ARÈNES, 7

1918

TRIBUNAL CRIMINEL DE LIMOGES

SOUS LA CONVENTION

Le décret d'introduction de la cause de béatification ou déclaration de martyre des serviteurs de Dieu tués à Paris en septembre 1792, a été signé par Sa Sainteté Benoît XV le 20 janvier 1916. Au nombre des 213 martyrs nommés dans ce décret, on en trouve trois qui appartiennent au diocèse de Limoges. Ce sont :

Dumasramboud de Calandelle (François), né en 1754 à La Chaussade, qui fut secrétaire de l'évêché ;

Vareil-Dutheil (François), né en 1734 à Felletin, ancien jésuite, retiré à la maison Saint-François de Sales, à Issy, près Paris ;

Volondat (Joseph), né en 1752 à La Souterraine, fut curé constitutionnel de Saint-Gaultier, diocèse de Bourges.

La liste des noms de ces prêtres qui accompagne le décret se termine par la mention de trois autres : Louis Dufour, Dubois et Gaubert. Ce dernier, né à Aubusson en 1730, appartient aussi à notre diocèse, mais pour ces trois prêtres l'introduction de leur cause est « différée » jusqu'à « documentation plus complète ».

Le diocèse de La Rochelle recherche aussi les documents concernant les nombreux prêtres qui ont trouvé la mort en 1793 et 1794, sur les pontons de Rochefort. A la suite d'une demande de Mgr l'évêque de La Rochelle, du 18 avril 1911, une enquête a été faite à ce sujet dans le diocèse de Limoges. Elle a été publiée dans la *Semaine religieuse de Limoges* en 1911 et 1912, aux tomes 49 et 50.

Il y a encore d'autres prêtres, morts pour la foi, qu'il est bon de ne pas oublier. Ce sont d'abord ceux que le tribunal criminel de Limoges a fait guillotiner en 1793 et 1794. C'est pour faire connaître les jugements rendus par ce tribunal, et conserver le texte des condamnations qu'il a prononcées que nous avons rédigé les notices ci-après.

Bien d'autres prêtres du diocèse de Limoges, outre ceux indiqués ci-dessus, sont morts pour la foi. On trouve la biographie de chacun d'eux dans les *Martyrs et Confesseurs de la foi du diocèse de Limoges pendant la Révolution française*, 4 volumes in-8° (Limoges, imprimerie Ducourtieux) 1892-1904; et dans *Le Limousin et la Marche au Tribunal révolutionnaire de Paris*, 3 volumes in-8° (Limoges, imprimerie Ducourtieux), 1912-1914.

On peut aussi citer parmi les victimes de la persécution :

Louis Soury, né à Rochechouart, guillotiné à Bordeaux le 6 juin 1794;

Jean-Joseph Saulnier, né à Lussac-les-Eglises, guillotiné à Paris le 30 octobre 1793;

Jean Decoux, né à Treignac, guillotiné à Paris le 17 avril 1794 ;

Gilbert-Alexandre de Carbonnières, né à Boussac, guillotiné à Paris le 9 juillet 1794;

Martial de Savignac, né au château de Vaux, paroisse de La Jonchère, fusillé à Laval, le 10 mai 1796;

Pierre Larue et Gabriel Bouin, guillotinés à Tulle le 29 septembre 1793, etc., etc.

La Convention nationale ou assemblée politique qui mit la France en république, et qui gouverna depuis le 21 septembre 1792 jusqu'au 26 octobre 1795, a laissé à Limoges, comme dans d'autres villes, de bien tristes souvenirs. Dans plusieurs familles, on raconte encore comment, dans l'espace d'environ deux mois, le tribunal criminel de Limoges a envoyé à la guillotine, sur la place de la *Fraternité*, huit prêtres qui n'avaient pas voulu apostasier en prêtant le serment schismatique de la constitution civile du clergé, et étaient restés dans leurs paroisses pour continuer à y donner les secours de la religion à leurs habitants.

Mais aujourd'hui la tradition orale, et même des historiens, ont attribué à quelques-uns de ces martyrs des paroles ou des actions prononcées ou faites par quelques autres. C'est pour rectifier ces indications inexactes que nous allons reproduire ici le texte même des actes du tribunal qui les a condamnés à mort.

Les électeurs du département de la Haute-Vienne avaient été réunis à Limoges les 15 et 16 novembre 1792, pour nommer les membres du tribunal criminel. Dès le premier jour, ils élurent, par 237 suffrages sur 259 votants, pour président de ce tribunal,

Pierre Dumas, avocat. Il entra en fonction aussitôt, mais les jugements qu'il rendit n'ayant pas répondu à ce que désirait le club des Jacobins, ou société populaire de Limoges, au mois de septembre 1793, il fut destitué de ses fonctions de président, par Lanot et Brival, représentants du peuple en mission dans le département. Voici en quels termes le *Journal de la Haute-Vienne*, qui était l'organe du club, a annoncé cette destitution : « Dumas, président du tribunal criminel est suspendu de ses fonctions par les représentants du peuple et mis au secret par le comité de surveillance. Ceux qui ont suivi la conduite de cet intrigant, de cet homme sans moralité, ne sont pas étonnés des mesures prises à son égard. Dumas, tu ne pouvais pas être républicain. Pour l'être il faut avoir des vertus; et il n'en eut jamais aucune (1) ».

Plus tard, dans un Mémoire justificatif daté du 21 janvier 1794, Pierre Dumas rapporte ce qu'il a été dès le commencement de la Révolution :

« J'embrassai avec enthousiasme, la Révolution de 1789. Mon chapeau fut le premier du département qu'on vit orné d'une cocarde tricolore.... ·

« J'ai fait trembler les nobles et les prêtres dès les commencements de 1790.....

« J'ai fait la motion au département de donner 200 livres de récompense à celui qui arrêterait, ou ferait arrêter un émigré ou un prêtre insermenté.... etc.... (2) ».

Ce mémoire fut communiqué au club des Jacobins, et c'est sur l'avis de ce club que Pierre Dumas fut mis en liberté dans les premiers jours de février 1794.

Deux mois après il fut arrêté de nouveau et envoyé au tribunal révolutionnaire de Paris, sur l'ordre du Comité de sûreté générale de la Convention. Il était enfermé dans la prison de la Force le 18 germinal an II (7 avril 1794). Après le 9 thermidor, il revint à Limoges, et un arrêté du représentant Chauvin, du 2 frimaire an III (22 novembre 1794), le replaça sur son siège de président au tribunal criminel de Limoges (3).

Pour remplacer Pierre Dumas au tribunal criminel de Limoges, le représentant du peuple en mission dans le département choisit, le 24 septembre 1793, Jean-Jacques-Benoit Gonneau, qui

(1) *Journal de la Haute-Vienne*, nº du 3 octobre 1793.

(2) *Archives de la Haute-Vienne*. — L. 853.

(3) Voir : *Le Limousin et la Marche au Tribunal révolutionnaire de Paris*, tome III, page 115.

avait été maire de Rochechouart lors de la formation de la municipalité de cette ville, en exécution des Lettres du roi Louis XVI, du 14 décembre 1790. Il fut installé au tribunal de Limoges le 1er octobre 1793.

Le club des Jacobins de Limoges n'ayant pas obtenu immédiatement après cette installation ce qu'il attendait de Gonneau, le nouveau président, lui adressa, à ce sujet, le 7 novembre 1793, la sommation suivante :

« Encore quelques questions sur ce tribunal. Pourquoi ne s'est-il pas encore occupé du châtiment des contre-révolutionnaires ? Pourquoi tous les ennemis déclarés du peuple restent-ils tranquilles dans une prison, tandis qu'ils devraient avoir joué à la main chaude ? Pourquoi les Dumas, les l'Esther (Lesterp) et tous les autres prévaricateurs insignes ne sont-ils pas en état d'accusation ? Pourquoi la femme Naurissart, qui comptait tellement sur les mesures prises par son mari pour faire fusiller le peuple et opérer la contre-révolution à Limoges, qu'elle arbora la cocarde blanche, le jour même où selon ce qu'elle avait annoncé, *la bombe devait éclater*, n'a-t-elle pas expié ses espiègleries ? Pourquoi la ci-devant Rochechouart, convaincue d'avoir soldé depuis deux ans les assassins du peuple français, espère-t-elle encore d'aller habiter son château ? Pourquoi ? Pourquoi.... je ne finirais pas......

« Gonneau ! nous t'envoyons tous ces pourquoi; c'est à toi d'y répondre. Nous n'avons pas oublié que tu as montré de la sanculoterie. Eh bien, marche, le peuple malheureux te demande justice, qu'elle lui soit enfin rendue ! (1) ».

Après cette sommation du club, Gonneau va marcher comme il le lui ordonne. Par les ordres du tribunal qu'il préside, les huit prêtres dont les notices suivent sont conduits à la guillotine, ainsi que plusieurs autres personnes dont on trouve aussi le jugement dans les mêmes registres de ce tribunal, mais dont nous n'avons pas à nous occuper ici.

I

La petite ville d'Eymoutiers, chef-lieu de canton dans le département de la Haute-Vienne, et une des moins populeuses du diocèse de Limoges, peut, à juste titre, se glorifier d'avoir donné, à elle seule, à l'Eglise de France, pendant la Révolution, plus de martyrs et de confesseurs de la foi, que plusieurs de nos grandes cités réunies. Un des plus remarquables de ces généreux athlètes fut Paul Esmoingt, curé d'Eymoutiers.

Ce saint prêtre était d'une famille noble et ancienne, connue

______

(1) *Journal du département de la Haute-Vienne*, 17 brumaire an II. (7 novembre 1793), p. 92.

depuis Bernard Esmoingt ou Aimoin, vivant en 1098-1108, et qui a aussi donné à l'Eglise plusieurs dignitaires distingués, tels que Guillaume Esmoingt, chanoine, comte de Lyon en 1378, et Etienne Esmoingt, abbé de Saint-Martial de Limoges de 1392 à 1401. Elle portait pour armes *d'argent à trois chevrons de gueules* alias *d'azur*. Elle s'est divisée en plusieurs branches, répandues surtout dans le département de la Creuse (1).

Paul Esmoingt appartenait à la branche de la Grillière; il naquit en effet dans ce lieu, dans la paroisse de Saint-Junien-la-Brugère, canton de Royère (Creuse). Il était fils de Pierre Esmoingt, écuyer, seigneur de la Grillière et de Génevière, de Romanet, de Beaune. Les registres du Grand séminaire de Limoges le disent né le 27 février 1748, et plusieurs auteurs le 4 mars de cette même année. Il eut un frère nommé François qui entra aussi dans l'état ecclésiastique et souffrit pendant la Révolution, puis une sœur Marie-Anne, dont il est parlé plus loin.

Comme à travers beaucoup de modestie, et même un fond de timidité, Paul Esmoingt laissait entrevoir dans son adolescence d'heureuses dispositions, soit à la vertu, soit aux belles-lettres et aux sciences, ses parents, quoique peu favorisés de la fortune, l'envoyèrent étudier dans l'université d'Angers. Il y prit ses grades en philosophie et en théologie, et revint ensuite à Limoges, où il entrait au Séminaire des Ordinands le 30 décembre 1772(2); il y reçut la prêtrise en 1773.

Ses supérieurs l'envoyèrent aussitôt vicaire à Saint-Martin-Château, paroisse limitrophe de celle où il avait vu le jour. Peu après (en 1775), la théologale du chapitre collégiale d'Eymoutiers ayant vaqué, l'abbé Esmoingt fut pourvu, sur la nomination du chapitre, de ce bénéfice, qu'il ne pouvait d'ailleurs manquer d'obtenir, en vertu de ses grades. Durant l'espace de douze à treize ans, il remplit tous les devoirs de cette charge avec la plus grande édification, s'adonnant à l'aumône, vivant très retiré et d'une manière fort frugale, austère même. Sa société la plus ordinaire était composée de quelques uns de ses confrères, en qui il apercevait le plus de régularité, et en particulier de l'abbé Richard, chanoine comme lui, et aussi exact à ses devoirs qu'il était gai, aimable et spirituel (3). Il passait sa vie dans le recueil-

(1) *Nobiliaire du Limousin*, tome II, p. 92, 101, 228, 627.
(2) *Livre des examens pour la réception des ordinands.*
(3) Voir : *Martyrs et Confesseurs de la foi*, tome IV, p. 292.

lement, la prière et la pratique de toutes sortes de bonnes œuvres ; se montrait surtout très assidu au chœur de son église, qu'il ne contribuait pas peu à soutenir par la forte voix dont la nature l'avait doué.

L'abbé Esmoingt se rendait aussi utile aux religieuses Ursulines d'Eymoutiers, quand elles avaient recours à lui, et il les édifiait toujours singulièrement, soit par son air pénétré et sa posture aussi humble que respectueuse au pied des autels, durant les longues oraisons qu'il faisait parfois dans leur église, soit par la ferveur et la modestie angélique avec lesquelles il célébrait les saints mystères, sans accorder trop à sa propre dévotion par une lenteur indiscrète, comme aussi sans favoriser par sa précipitation l'indévotion de tant de gens du monde, qui font aux prêtres un mérite de leur célérité à offrir le Saint-Sacrifice. Du reste, il confessait peu, prêchait rarement à cette époque de sa vie, soit que par un reste de défiance de lui-même il crut devoir se borner à remplir parfaitement ses devoirs de chanoine, soit que les fidèles jugeant faussement la sévérité de sa morale par la grande régularité et l'austérité même de sa vie, s'adressassent peu à lui.

Exempt d'ambition et de toute vue d'intérêt, l'abbé Esmoingt se serait borné toute sa vie à son mince bénéfice, dont il avait fait réparer, en partie à ses frais, les bâtiments qui tombaient de vétusté, si un événement imprévu ne l'eût forcé en quelque sorte d'en accepter un d'un revenu plus considérable, M. La Bachelerie du Theil, curé d'Eymoutiers, ayant été nommé (en 1788) prévôt du chapitre de cette ville, et voulant procurer à la paroisse qu'il allait cesser de gouverner un pasteur selon le cœur de Dieu, jeta les yeux sur l'abbé Esmoingt, dont il avait été à portée d'apprécier, depuis bien des années, le rare mérite, et il le pressa tellement d'accepter ce bénéfice qu'il fut comme contraint de consentir à la résignation qu'il lui en fit. On voit que M. La Bachelerie du Theil signe les registres paroissiaux de Notre-Dame d'Eymoutiers dans les premiers mois de l'année 1789, et la *Feuille hebdomadaire de Limoges* nous dit, le 9 décembre de cette année :

« Le 23 novembre 1789, Mgr a nommé, sur la présentation de M. Léonard de La Bachellerie, chanoine aquilaire du chapitre d'Eymoutiers, M. Paul Esmoingt de la Grillière, théologal dudit chapitre, à la cure de Notre-Dame d'Eymoutiers, vacante par la démission de M. Jean La Bachelerie du Theil, prévôt du chapitre. »

Dès ce moment, on vit cet homme si modeste, si retiré, si concentré, si j'ose dire, dans le soin de sa sanctification personnelle s'élancer avec une ardeur merveilleuse dans la carrière du saint ministère, comme s'il eût été nouvellement revêtu de la vertu d'en haut; s'appliquer à connaître ses ouailles, les visiter, s'informer de leurs divers besoins et s'efforcer d'y pourvoir; leur rompre le pain de la parole, leur administrer les sacrements, catéchiser les ignorants, visiter les malades, assister les mourants, consoler toutes les sortes d'affligés et de malheureux, remplir en un mot avec autant de constance et d'assiduité que de zèle et de prudence toutes les respectables fonctions de la charge pastorale.

Mais bientôt la Révolution, en agitant tous les esprits et bouleversant toutes les têtes, vint suspendre d'abord et peu après arrêter entièrement le cours d'un ministère si utile à l'Eglise. Dès les premiers mois de 1791, tous les prêtres qui avaient refusé le serment impie de maintenir la constitution civile du clergé ayant été expulsés de leurs églises, M. Esmoingt, qui était, comme on le pense bien, de ce nombre, se retira chez sa sœur demoiselle célibataire, très adonnée, comme toute la famille, à la piété et aux bonnes œuvres, et qui avait pris à ferme la maison de campagne du prévôt d'Eymoutiers, laquelle était isolée de toute habitation et située dans une prairie à une très petite distance de la ville, sur la rive droite de la Vienne. De là le saint prêtre gouverna en secret, pendant près de deux ans, sa chère et bien aimée paroisse, autant qu'il pouvait le faire, sans manquer aux règles de la prudence chrétienne et sans provoquer la persécution, mais aussi sans la redouter, et sans crainte de s'exposer personnellement, quand il s'agissait du salut de quelqu'une de ses ouailles, même de celles qui ne partageaient pas ses opinions et sur la discrétion desquelles il avait moins à compter. C'est ainsi qu'il visita et administra au lit de mort plusieurs patriotes très prononcés, sans s'alarmer des dangers auxquels il s'exposait, en se mettant à la merci de pareils hommes et de ceux qui les entouraient (1).

Mais au commencement de 1793, la peine de mort ayant été décrétée par la Convention contre les fonctionnaires publics et les prêtres insermentés, qui dans un temps très court, déterminé par la loi, n'auraient pas quitté la France, et contre toutes les personnes, même les parents, qui leur donneraient asile,

(1) LA BICHE DE REIGNEFORT, *Six mois des vies des saints du Limousin*, t. III, p. 145.

M. Esmoingt dût se séparer de sa sœur, pour ne pas l'exposer à périr avec lui s'il venait à être découvert chez elle. Il ne s'éloigna pourtant pas tellement d'elle qu'il ne la vit tous les jours. Il passait les journées entières, avec quelques uns de ses confrères, insermentés comme lui, dans une espèce de grotte qu'on avait pratiquée pour eux sous terre, à peu de distance de la ville d'Eymoutiers. Les soirs, un peu avant la nuit, il retournait coucher chez sa sœur, où se trouvait une cache en apparence assez sûre qui pouvait au besoin lui fournir une retraite. Le lendemain, il allait de nouveau, avant le point du jour, se confiner dans sa triste demeure, aussi incommode que froide, humide et malsaine. Pendant l'espace d'environ deux mois, le saint confesseur de la foi n'eut pas durant le jour d'autre demeure que cet obscur réduit, presque entièrement dépourvu de lumière et plus semblable à l'habitation d'une bête fauve qu'à l'habitation d'un respectable ministre des autels.

Au bout de ce temps, il eut le malheur, ou, pour parler plus chrétiennement, le bonheur d'être découvert par les persécuteurs. Ils apprirent (Dieu sait par quelle voie) qu'il était caché chez sa sœur; et ils connurent si positivement l'endroit précis de cette maison où il était, que, sans faire de perquisitions, il s'y portèrent de suite et trouvèrent d'autant plus facilement le saint prêtre, que n'ayant pu, à raison de sa surdité, entendre assez tôt l'avis qu'on lui donnait, que ces furieux venaient pour le prendre, un des pans de sa lévite, qu'il n'eut pas le temps de retirer à lui, acheva de le trahir. On s'empara aussitôt de lui et on le conduisit sur le champ en prison, à travers les rues les plus peuplées d'Eymoutiers, avec un air de triomphe, en faisant retentir les vociférations accoutumées dans ces temps de vertige et en répétant mille fois, avec l'accent d'une joie féroce : *Nous le tenons enfin le réfractaire! Nous le tenons!* Cependant, les gens de bien étaient indignés et criaient vengeance, prévoyant bien le sort que l'on réservait à leur digne pasteur, qui n'était resté en France que pour leur donner les secours de la religion et pour ne pas abandonner au fort de la persécution son troupeau chéri à la merci des loups dévorants. Plusieurs, ne pouvant soutenir la vue de ce révoltant spectacle, fermaient avec précipitation leurs fenêtres et sanglotaient d'une manière lamentable, comme s'ils eussent perdu les auteurs de leurs jours.

A Limoges, le club des Jacobins ou société populaire, dans sa séance du 15 brumaire (5 novembre 1793), mentionne dans son procès-verbal que « les nouvelles venues d'Eymoutiers annoncent une grande capture d'aristocrates, et des levées d'argent sur les modérés ». Puis à la séance du lendemain 6 novembre, « Sauger donne des détails sur ce qui s'est passé à Eymoutiers ; il en résulte que le peuple a livré 30 personnes suspectes, sur lesquelles 20 ont été conduites à Limoges, avec 17 autres, de Saint-Léonard et 8 des environs. De plus les commissaires ont fait une levée de 30,000 livres. On applaudit beaucoup cette expédition, et, comme les volontaires de service n'ont reçu qu'une pièce de trois livres, par jour, la société leur alloue cinq livres » (1).

On trouve aux Archives de la Haute-Vienne les deux pièces suivantes se rapportant à ces arrestations :

« Le citoyen Antoine Roux et onze volontaires de la garde nationale d'Eymoutiers ont conduit à la maison d'arrêt Pierre Gautier, (deux mots illisibles), Dupuis, ci-devant gendarme; Esmoingt ci-devant curé; Esmoingt sa sœur, Pierre Faye, jardinier, arrêtés par mandat de la municipalité d'Eymoutiers de ce jour, dont je la décharge, Limoges le 20 brumaire an 2e de la Rép. fr. (10 novembre 1793). Signature illisible ».

« Le C. Filloux, dépositaire des fonds disponibles du Comité de surveillance, payera au citoyen Antoine Roux, commandant le détachement de la garde nationale d'Eymoutiers, qui a conduit à la maison d'arrêt les sus dénommés de l'autre part, la somme de cent-soixante-huit livres, savoir : celle de 150 livres pour frais de conduite par douze gardes nationales, pour deux journées et demy, à cinq livres par jour, et celle de 18 livres pour frais de garde du sr Dupuis, pour trois gardes pendant deux jours, à trois livres chacun par jour. Fait en Comité le 21 brumaire l'an 2e de la Rép. une et indivisible (11 novembre 1793, *Signé* : Jevardat, Rougier.

Pour acquit : Roux (2) ».

M. Esmoingt subit un premier interrogatoire à Eymoutiers, et le lendemain il fut lié, garrotté et jeté sur une charrette avec sa sœur, prévenue d'avoir donné asile chez elle à un prêtre réfractaire. C'est au son du violon, du tambour et de la cornemuse qu'ils furent ainsi conduits à Limoges. Là, il comparut de nouveau sur la fatale sellette, et quatre ou cinq jours seulement après son arrivée il fut condamné à la peine de mort.

On va lire le jugement rendu à cet effet par le tribunal criminel de Limoges, qui le juge et le condamne à mort comme *émigré*, pendant qu'il était prêtre *réfractaire et déporté*. Aucun des articles cités dans ce jugement ne se rapporte au cas de l'abbé Esmoingt, ils concernent seulement les émigrés. C'est ce que Cherrier, le

(1) FRAY-FOURNIER, *Le Club des Jacobins de Limoges*, p. 194 et 195.
(2) *Archives de la Haute-Vienne*, L. 811.

représentant du peuple en mission dans notre département, dit dans son arrêté du 8 germinal an III (28 mars 1795), qu'on lira plus loin. Ce tribunal usait du procédé recommandé au club de Limoges dans sa séance du 21 mai 1793 par Nicaud, disant que l'opinion publique devait suffire pour juger les hommes qui ont eu soin de couvrir leurs trames criminelles d'un voile épais et d'une apparence de patriotisme (1).

Tridi, vingt trois brumaire l'an 2 de la République française (13 novembre 1793).

Entre l'accusateur public du tribunal criminel du département de la Haute-Vienne demandeur et accusateur en crime d'émigration.

Paul Esmoing et Marianne Esmoing sa sœur, prisonniers détenus dans la maison de justice du département.

Vu, etc.

Le tribunal criminel faisant, aux circonstances du délit dont Paul Esmoing est prévenu, l'application de la loi du vingt huit mars dernier contre les émigrés, condamne Paul Esmoing à la peine de mort, conformément aux articles 76, 77, 78 et 79 transcrits ci-après dans les termes où ils sont conçus. Ordonne qu'à cet effet ladite peine de mort soit exécutée le jour de demain quartidi, de la troisième décade, du second mois, de la deuxième année de la République, et ce à la diligence de l'accusateur public qui fera livrer ledit Paul Esmoing à l'exécuteur des jugements du tribunal criminel, pour subir la peine à lui infligée sur la place de la Fraternité de cette ville.

Art. 76. — Les émigrés qui rentreront, ceux qui sont rentrés, ceux qui resteront sur le territoire de la République contre la disposition des lois, seront conduits devant le tribunal criminel du département de leur dernier domicile en France, qui les fera mettre à la maison de justice.

Art. 77. — L'accusateur public fera citer des personnes dont le civisme sera certifié au moins du nombre de deux de la commune du domicile de l'accusé, ou à leur défaut des lieux circonvoisins, pour faire reconnaître si le prévenu est la même personne que celle dont l'émigration est constatée par la liste des émigrés, ou par les arrêtés des corps administratifs.

Art. 78. — Les témoins cités seront entendus publiquement à l'audience et toujours en présence de deux commissaires du conseil général de la commune du lieu où le tribunal est établi, le prévenu comparaîtra devant les témoins, et s'ils affirment l'identité, les juges du tribunal condamneront l'émigré à mort, ou à la déportation s'il s'agit d'une femme de vingt un ans et au-dessous jusqu'à quatorze ans.

Art. 79. — Le condamné sera mis à mort, ou déporté, dans les vingt-quatre heures, sans qu'il puisse y avoir lieu à aucun sursis, recours, ou demande en cassation.

Considérant que Marianne Esmoing est dans le cas de la loi du vingt-sept février 1793, qui enjoint au propriétaire, locataire des maisons, de donner la liste nominative des personnes logées chez eux, qui porte en l'article 4, que toute personne qui aura recueilli, ou caché, moyennant salaire, ou gra-

---

(1) FRAY-FOURNIER, *Le Club des Jacobins de Limoges*, p. 129.

tuitement une autre personne assujettie aux lois de l'émigration, ou déportation, sera punie de dix ans de fers.

Conformément aux lois qui pour les femmes convertissent la peine des fers en celle de la réclusion, ladite Marianne Esmoing à être renfermée pendant six ans dans la maison de force de ce département.

Considérant qu'il n'y a aucune charge dans la procédure contre les dits Pierre Fayé et Villemougeanne, le tribunal les acquitte et ordonne qu'ils seront de suite mis en liberté.

Condamne ledit Paul Esmoingt et sa sœur aux dépends de la procédure, ainsi qu'au payement de la somme de cent livres en faveur de ceux qui ont arrêté ledit Paul Esmoing. Au surplus ordonne que les biens de Paul Esmoing seront confisqués au profit de la République.

Fait les jour, mois et an que dessus.

Signé : J.-J.-B. Gonneau, président. Cousin greffier (1).

Pendant son jugement, l'abbé Esmoingt, par amour pour la vérité, ne voulut jamais déclarer qu'il avait pris un passe-port pour s'expatrier, comme on lui insinuait d'enfaire la déposition, dans l'intention, disait-on, de lui sauver la vie. Il alla courageusement au supplice, avec autant de calme que s'il fût allé remplir une des augustes fonctions de son ministère.

Pendant les divers changements de scène qui eurent lieu lorsqu'on instruisait le procès de ce saint prêtre, à dater du moment où il fut arrêté jusqu'à celui où il perdit la vie, il parut toujours tranquille, serein et impassible, sans laisser apercevoir la moindre altération sur sa figure, et sans dire un mot à sa décharge, comme un homme qui craignait bien plus d'être acquitté que de répandre son sang pour Jésus-Christ. Il ne s'occupait que du danger que courait le propriétaire de la maison où il avait été arrêté. Craignant qu'il n'eut été enveloppé dans sa proscription, il s'informait souvent, non sans quelque anxiété, de son sort; mais quand il sut positivement qu'il avait été acquitté, il ne parut plus inquiet, ni pour lui ni pour sa vertueuse sœur, qu'il savait être dans les mêmes sentiments, non seulement de résignation, mais de joie et de désir du martyre que lui même.

Il fut conduit sur la place Tourny, appelée d'abord place de la Fédération, et en 1793 place de la Fraternité, où la guillotine était dressée, et après qu'il y eut été exécuté, on inscrivit dans le registre de l'état civil de la commune l'acte de décès suivant :

Aujourd'hui vingt-quatrième brumaire l'an second de la République française (14 novembre 1793) est décédé ce matin à onze heures et demie,

(1) *Archives de la Haute-Vienne. — Registre du tribunal criminel*, L. 893, p. 3.

sur la place de la Fraternité de cette commune et section de l'Egalité, Paul Esmoingt, ci-devant curé d'Eymoutiers, âgé d'environ cinquante-sept ans, ainsi qu'il résulte de l'extra't du procès-verbal en date de ce jour, sigr é Cousin, greffier du tribunal criminel, lequel demeurera annexé aux présentes. — *Signé* : Pézaud, officier public (1).

Après sa mort, on trouva sur son corps un cilice, ce qui put bien causer de l'étonnement et peut-être quelques remords à ses juges et à ses bourreaux, mais ne surprit nullement les personnes pieuses d'Eymoutiers, qui soupçonnaient depuis longtemps qu'il portait habituellement sur sa chair nue quelque instrument de pénitence. Quant au peu de biens qu'il pouvait avoir, ils furent confisqués au profit de la nation.

L'abbé Esmoingt était d'une taille avantageuse, mais un peu effilée. Il avait une figure douce, où se peignaient la bonté de son cœur et la beauté de son âme. Son maintien décent et modeste, l'air de sérénité et de sainteté qui reluisait sur sa figure commandaient le respect et inspiraient l'amour de la vertu. Il ne regardait jamais personne en face, et avait toujours les yeux baissés dans les rues, et même en annonçant la parole de Dieu, comme un homme profondément pénétré de ce qu'il disait. Il était naturellement gai ; son ton et ses manières annonçaient un homme bien né, qui avait reçu une excellente éducation, et dénotaient cette honnêteté réelle, et si j'ose dire sentie, qui vient du cœur, et que ne suppose pas toujours la politesse acquise par la fréquentation de la bonne compagnie.

Ses principales vertus chrétiennes étaient un fonds admirable de foi, de religion, de délicatesse de conscience ; une humilité profonde et une défiance de lui-même portée peut-être trop loin ; l'esprit de mortification dans un degré peu commun, et un entier détachement des choses de la terre. A quoi il faut ajouter le zèle du salut des âmes et une singulière affection pour les pauvres, qui lui faisait sacrifier sans balancer ce qu'il avait de plus cher dès qu'il s'agissait de les soulager.

Enfin, pour réduire encore davantage ce portrait, disons que l'abbé Esmoingt vécut constamment en saint prêtre et mourut en héros chrétien (2).

On voit dans le jugement du tribunal criminel de Limoges con-

(1) Registre de l'état civil de la commune de Limoges.
(2) LA BICHE DE REIGNEFORT, *Six mois des vies des saints*, t. III, p. 161.

damnant à mort l'abbé Esmoingt la condamnation de sa sœur Marie-Anne Esmoingt à six ans de prison ; elle n'eut que la crainte de la guillotine. Elle fut aussi attachée au carcan pendant quelques heures, et au sortir de là, renfermée à la maison de force avec les gens sans aveu, les aliénés et les filles de mauvaise vie. Elle était alors âgée de 36 ans. C'est le 16 décembre 1793 qu'elle entra dans cette maison, où la sœur de l'abbé Tiquet, autre victime du même tribunal, vint bientôt la rejoindre.

Seize mois plus tard, en mars 1795, Cherrier, représentant du peuple en mission dans la Haute-Vienne, découvrit l'erreur, probablement volontaire, du tribunal criminel de Limoges, et prit un arrêté pour rendre à la liberté Marianne Esmoingt et Catherine Tiquet, mais il ne pouvait rien faire pour les prêtres injustement condamnés à mort et exécutés.

Voici cet arrêté qui se trouve au registre du tribunal criminel de notre ville.

Au nom du peuple français.

Le représentant du peuple en mission dans les départements de l'Indre, Cher et Haute-Vienne.

Vu la pétition des citoyennes Esmoin et Tiquet condamnées à six ans de réclusion par jugement du tribunal criminel du département de la Haute-Vienne, tendante à réclamer leur liberté. Les jugements de condamnation rendus par le tribunal criminel le 23 brumaire et 1er frimaire (13 novembre et 21 novembre 1793). Le rapport du président et accusateur public du tribunal criminel sur le soit communiqué par nous ordonné; la procédure instruite au tribunal contre ces deux accusées.

Considérant qu'on a appliqué à Marianne Emoin et à Catherine Tiquet la peine portée par la loi contre ceux qui recellent des émigrés, quoique Emoin et Tiquet prêtres insermentés ne fussent jamais sortis du territoire de la République, que la loi qui assimilait les déportés aux émigrés n'était applicable qu'à la confiscation des biens, ou tout au plus ne pouveit atteindre que ceux qui après s'être exportés hors du territoire français seraient rentrés dans la République. Considérant que la loi des 29 et 30 vendémiaire an II qui condamnait à mort le prêtre insermenté qui ne se rendraient pas dans la maison commune dans le délai d'une décade n'a été publiée à Limoges que le 12 frimaire; que ces deux prêtres étaient encore dans le délai porté par cette loi qui n'a été publiée que longtemps après leur condamnation.

Qu'un pareil jugement rendu par la commission militaire d'Arras à la même époque, qui condamnait à mort le nommé Meurs, prêtre insermenté, a été cassé par décret de la Convention nationale.

Que la Emoin et Tiquet n'ont pas recelé leur frère, qu'elles leur ont seulement donné l'hospitalité pendant quelques jours; qu'il serait immoral de punir des sœurs pour avoir exercé envers leur frère un acte commandé par la nature et qu'elles sont en détention depuis plus de 16 mois.

Arrête :

Que Marianne Emoin et Catherine Tiquet se pourvoiront au Comité de législation pour obtenir la cassation du jugement qui les condamne à six ans de réclusion.

Et cependant qu'elles seront provisoirement mises en liberté, à la charge par elles de se représenter quand elles seront requises.

Fait en séance à Limoges, le 8 germinal l'an 3e de la République française une et indivisible (28 mars 1795).

. *Signé* : Cherrier (1).

Marianne Esmoingt est morte célibataire en 1817.

François Esmoingt, frère du curé d'Eymoutiers, était entré dans l'état ecclésiastique, et avait été tonsuré dans la chapelle de l'évêché de Limoges le 8 novembre 1757 ; il fut prieur-commendataire de Sainte-Croix de Josselin, au diocèse de Vannes. La mort de son père l'ayant rendu chef de famille, nous le voyons, en cette qualité acquérir, avec sa mère, la seigneurie de Saint-Pardoux-Lavaud, par acte du 23 octobre 1776, passé au château de la Grillière.

Un mois après que son frère eut été guillotiné à Limoges, le Comité central de Guéret ordonna son arrestation, le 13 décembre 1793. Il le désigne en ces termes : « N... Esmoingt, ex-bénéficier. Deux castes proscrites, la sacerdotale et la nobiliaire. A ces deux titres il n'a pu montrer et n'a effectivement montré que de l'éloignement pour la régénération française ; il est en outre frère d'émigré (2) ».

François Esmoingt émigra pendant la Révolution, mais il était encore dans ses foyers en l'an II. Il mourut en 1819 (3).

II

Le 21 novembre 1793 (1er frimaire de l'an II), jour de la fête de la Présentation de la Sainte Vierge, est un jour tristement mémorable pour la ville de Limoges, et en même temps bien glorieux pour la Religion. La veille, les membres du club des Jacobins avaient célébré les saturnales impies qu'il appelaient *Fête de la Raison*, et le 21 novembre, par ordre du tribunal criminel, quatre fois, dans l'espace de deux heures, le couteau de la guillotine frappa des saints prêtres qui avaient préféré la mort à l'apostasie, en jurant de maintenir la constitution civile et schismatique du clergé. Ces quatre prêtres sont :

(1) *Archives de la Haute-Vienne.* — *Registre du tribunal criminel,* L. 893, p. 41.

(2) L. DUVAL, *Archives révolutionnaires de la Creuse,* p. 306.

(3) *Martyrs et Confesseurs de la foi,* t. IV, p. 173.

Jean-Joseph Reymond, ancien vicaire de Bonnac ;

Jean Reymond, curé de Bussy-Varache.

Psalmet Cramouzaud, curé de Beaumont.

Jean Tiquet, ancien vicaire de Châteauneuf.

Voici le jugement prononcé par le tribunal criminel de Limoges qui les condamne tous quatre à mort, et Catherine Tiquet à six ans de prison :

Audience du premier frimaire l'an 2 de la République française
(21 novembre 1793)

Entre l'accusateur public du tribunal criminel du département de la Hte Vienne, demandeur et accusateur en crime d'émigration.

Contre Jean-Joseph Reymond, Jean Reymond, Pierre-Psalmet Cramouzaud, Jean Tiquet, tous prêtres, et Catherine Tiquet, sœur de ce dernier prisonniers détenus dans la maison de justice du département, accusés dudit crime.

Vu, etc.

Le tribunal criminel faisant, aux circonstances du délit dont lesdits Jean-Joseph Reymond, ancien vicaire de Bonnac, Jean Reymond, curé de Bussivarache, Psalmet Cramouzaud, curé de Beaumont, Jean Tiquet, ancien vicaire de Châteauneuf, et Catherine Tiquet, veuve Martinet, l'application de la loi du 28 mars dernier, contre les émigrés.

Considérant que les quatre prévenus ont pris, d'après leur aveu, des passeports, ce qui les fait présumer être rentrés en France, les condamne à la peine de mort, conformément aux articles 76, 77, 78 et 79, et le n° 2 de la 3e section de la loi du 28 mars 1793, transcrits ci-après dans les termes où ils sont conçus; ordonne à cet effet que la dite peine de mort sera exécutée dans les vingt-quatre heures de la prononciation du présent jugement, et ce à la diligence de l'accusateur public qui fera livrer lesdits condamnés à l'exécuteur des jugements du tribunal criminel, pour subir la peine à eux infligée, sur la place de la Fraternité de cette ville.

Art. 76. — Les émigrés qui rentreront, ceux qui sont rentrés, ceux qui resteront sur le territoire de la République contre les dispositions des lois seront conduits devant le tribunal criminel du département de leur dernier domicile en France qui les fera mettre à la maison de justice.

Art. 77. — L'accusateur public fera citer les personnes dont le civisme sera certifié, au nombre de deux, de la commune du domicile de l'accusé, ou à leur défaut des lieux circonvoisins, pour faire reconnaître si le prévenu est la même personne que celle dont l'émigration a été constatée par la liste des émigrées, ou par les arrêtés des corps administratifs.

Art. 78. — Les témoins cités seront entendus publiquement à l'audience, et toujours en présence de deux commissaires du Conseil général de la commune du lieu où le tribunal est établi; le prévenu comparaîtra devant les témoins, et s'ils affirment l'identité, les juges du tribunal condamneront l'émigré à mort, ou à la déportation s'il s'agit d'une femme de vingt ans ou au-dessous jusqu'à quatorze ans.

Art. 79. — Le condamné sera mis à mort ou déporté dans les vingt-quatre heures, sans qu'il puisse y avoir lieu à aucun sursis et demande en cassation.

Section 3e n° 2. — Tout Français de l'un et de l'autre sexe, absent du lieu de son domicile, qui ne justifiera pas dans la forme qui va être prescrite de résidence, depuis le 9 mai 1792, sera réputé émigré.

Considérant que Catherine Tiquet, veuve Martinet est dans le cas de la loi du vingt f^{er} 1793, qui enjoint au propriétaire locataire de maison de donner la liste nominative de personnes logées chez elle, qui porte : Art. 4e. — Toute personne qui aura recélé ou caché, moyennant salaire ou gratuitement, une autre personne assujetie aux lois de l'émigration ou déportation sera punie de six ans de fer.

Conforméent aux lois qui pour les femmes convertirent la peine des fers en celle de réclusion, ladite Catherine Tiquet, veuve Martinet, à être renfermée pendant six ans dans la maison de force de ce déparetment.

Au surplus le tribunal prononce les dépends contre les cinq accusés et ordonne que les biens de Jean Reymond, de Jean-Joseph Reymond, Psalmet Cremouzeau et Jean Tiquet, seront confisqués au profit de la République et qu'ils seront tenus de payer la somme de cent livres en faveur de ceux qui les ont arrêtés.

Fait, etc... *Signé* : J.-J.-P. Gonneau, président, Cousin, greffier (1).

Jean-Joseph Reymond, ancien vicaire de Bonnac, était fils de Pierre Reymond et de Joséphine Lavergne. Il naquit dans la paroisse de Notre-Dame d'Eymoutiers le 9 février 1760, fit ses humanités et la philosophie au collège de Limoges. Le 21 mai 1777, il recevait la tonsure, puis étant entré au Séminaire des Ordinands, à Noel en 1781, il y reçut les ordres mineurs le 25 mai 1782, le sous-diaconat le 15 mars 1783, le diaconat le 14 juin suivant, et fut ordonné prêtre le 6 mars 1784.

Il fut nommé vicaire à Bonnac, canton d'Ambazac, et on l'y trouve le 7 mars 1786, lorsqu'il accompagnait comme témoin M. Jean Pineau, curé d'Isle, allant prendre possession du prieuré de la Monge dans la paroisse de Compreignac.

Au moment de la persécution, il fut fidèle à son devoir, et chassé de l'église qu'il desservait; il se retira dans sa famille à Eymoutiers. Il y fut arrêté en 1793 et conduit dans les prisons de Limoges. La pièce suivante, qui est aux Archives de la Haute-Vienne, mentionne le transfert dans les prisons de Limoges, de deux prêtres d'Eymoutiers, dont l'abbé Reymond est probablement l'un.

Le citoyen Fillioux payera au citoyen Antoine Roux, adjudant de la garde nationale d'Eymoutiers, la somme de quatre vingt-quinze livres, savoir celle de soixante-quinze livres pour avoir conduit d'Eymoutiers en

(1) *Archives de la Haute-Vienne. — Registre du tribunal criminel*, L. 893, p. 4.

cette ville, accompagné de quatre gardes nationaux, deux prêtres réfractaires à la loi, celle de quinze livres pour la dépense des chevaux desdits réfractaires à la loi. — En comité le 27 brumaire an 2e de la Rép. fr. une et indivisible (17 novembre 1793). *Signé* : Bourderonnet. Marsat. Pour acquit : Roux (1) ».

Le jugement, dont le texte est ci-dessus, fut exécuté dans les vingt-quatre heures, sur la place de la Fraternité (ancienne place Tourny, dite aussi place de la Fédération). Voici l'extrait mortuaire qui le constate :

Aujourd'hui, deuxième frimaire, l'an second de la République française (22 novembre 1793), est décédé hier soir à quatre heures, sur la place de la Fraternité de cette commune et section de l'Egalité, Jean-Joseph Reymond, ancien curé de Bonnac, district de Limoges, âgé de trente-sept ans, ainsi qu'il résulte de l'extrait du procès-verbal en date du jour d'hier, signé à l'expédition Bardinet, greffier commis du tribunal criminel, lequel demourera annexé aux présentes. — *Signé* : Pezaud, officier public (2).

Son exécution fut suivie de celle de Jean Reymond à quatre heures et demie, de celle de Pierre-Psalmet Cramouzaud à cinq heures, de Jean Tiquet à cinq heures et demie.

Aujourd'hui on lit dans le sanctuaire de l'église de Bonnac l'inscription suivante gravée sur une pierre, près le grand autel :

A la mémoire de
Jean-Joseph Reymond
Vicaire de Bonnac
Mort pour la foi à Limoges
Le 21 novembre
1793

Jean-Baptiste Raymond, né à Eymoutiers le 8 septembre 1733, était fils de Jacques Raymond et de Françoise Larue, qui habitaient la paroisse de Notre-Dame. Il fut tonsuré à Limoges, le 20 mai 1758, par Monseigneur de Montesquiou, évêque de Sarlat, remplaçant Monseigneur du Coetlosquet avant l'arrivée de Monseigneur d'Argentré (3). Il fut nommé curé de Bussy en 1764. C'était une petite paroisse de deux cents habitants, placée sur la rive gauche de la Vienne, à trois kilomètres d'Eymoutiers. Elle faisait partie de l'archiprêtré de Saint-Paul, et se trouve aujourd'hui jointe à celle d'Eymoutiers.

(1) *Archives de la Haute-Vienne*, L. 811.
(2) Registre de l'état civil de la commune de Limoges.
(3) Archives de l'Evêché. Registre des Ordinations.

Sans aucune ambition que celle de se sanctifier lui-même en travaillant au salut de son docile troupeau, l'abbé Jean-Baptiste Raymond avait vu s'écouler près de trente années depuis qu'il était dans cette paisible paroisse, lorsque la Révolution vint porter le trouble et la persécution parmi les habitants de ces religieuses contrées. En 1789 il ne se rendit pas à Limoges à l'assemblée générale du clergé pour la nomination des députés aux Etats généraux, mais il se fit représenter par M. J. Cramouzaud, chanoine de Saint-Martial de Limoges.

Lorsque le gouvernement de la Révolution exigea de lui le serment schismatique de la constitution civile du clergé, il le refusa ; il fut dépossédé de sa cure et condamné à la déportation hors de France. Au lieu d'abandonner ses paroissiens, comme l'ordonnait la loi barbare du moment, il resta caché dans le pays, ainsi que le firent beaucoup de ses confrères, afin de pouvoir continuer de donner les secours de la religion aux fidèles dont il avait à répondre devant Dieu.

Il fut bientôt arrêté et conduit à Limoges, où il fut condamné à mort par le tribunal criminel de cette ville, en même temps que les trois autres prêtres guillotinés le 21 novembre 1793, et dont le jugement est ci-dessus.

Son exécution est constatée par l'acte mortuaire ainsi formulé dans le registre de l'état-civil de Limoges :

Aujourd'hui deuxième frimaire, l'an second de la République française (22 novembre 1793), est décédé hier soir à quatre heures et demie, sur la place de la Fraternité de cette commune et section de l'Egalité, Jean Raymond, ancien curé de Bussy, canton d'Eymoutiers, âgé de soixante ans, ainsi qu'il résulte de l'extrait du procès-verbal, en date du jour d'hier, signé à l'expédition Bardinet, greffier commis du tribunal criminel, lequel demeurera annexé aux présentes. — *Signé* : Pezaud, officier public (1).

Pierre-Psalmet Cramouzaud, curé de Beaumont, appartient à une de ces familles chrétiennes d'Eymoutiers, où les principes religieux étaient placés en première ligne dans toute leur conduite. Plusieurs prêtres parmi ses parents ont, ainsi que lui, été victimes de la persécution : Léonard-Joseph Cramouzaud, chanoine d'Eymoutiers, déporté sur les pontons de Rochefort, y mourut, le 11 avril 1794. Guillaume Cramouzaud, curé de l'Eglise-aux-Bois, Joseph-Léonard Cramouzaud, curé de Châteauneuf, et Léonard Cramouzaud, curé de Saint-Julien-le-Petit, furent

(1) Registre de l'état civil de la commune de Limoges.

déportés hors de France, pour refus de serment à la constitution schismatique du clergé.

Pierre-Psalmet, curé de Beaumont, fils de Léonard Cramouzaud et de Léonarde Troussaud, naquit à Eymoutiers le 2 avril 1732. Il fut tonsuré à Limoges le 13 mars 1756 et reçut les ordres mineurs le 15 juin suivant. Ordonné sous-diacre le 5 mars 1757 et diacre le 4 juin, il fut prêtre le 17 décembre de la même année.

Il fut nommé curé de Beaumont, près Eymoutiers en 1762. Pendant trente ans il y travailla au salut des âmes, et il avait atteint la soixante-douzième année de son âge lorsque la Révolution vint porter la désolation dans les paisibles montagnes de cette contrée. La paroisse de Beaumont faisait partie de l'enclave poitevine de Bourganeuf, aussi, en 1789 fut-il convoqué à l'assemblée générale du clergé qui se tint à Poitiers, pour la nomination des députés aux Etats généraux. Il ne s'y rendit pas, mais s'y fit représenter par M. Marie-Antoine Chevalier, chanoine de Saint-Pierre-le-Peullier.

Quand on lui demanda le serment de la schismatique constitution civile du clergé, il se garda bien de le prêter, c'est pourquoi il fut condamné à la déportation hors de France. Malgré cette loi de déportation du 26 août 1792, il resta caché dans le voisinage de sa paroisse, afin de pouvoir continuer à veiller sur elle, et porter à ses habitants les secours de la religion.

Il fut arrêté, et conduit à Limoges, où le tribunal criminel le condamna à mort, et le fit guillotiner le 21 novembre 1793. Le jugement qui le condamne ainsi que les trois autres prêtres est ci-devant; voici l'acte mortuaire constatant son exécution :

Aujourd'hui, deuxième frimaire, l'an second de la République française (22 novembre 1793), est décédé hier soir à cinq heures, sur la place de la Fraternité de cette commune, et section de l'Egalité, Pierre-Psalmet Cramouzaud, ancien curé de Beaumont, âgé d'environ soixante-deux ans, ainsi qu'il résulte de l'extrait du procès-verbal en date du jourd'hier, signé Bardinet, greffier.-commis du tribunal criminel, lequel demeurera annexé aux présentes. — *Signé* Pozaud, officier public (1).

Jean Tiquet, fils d'Auguste Tiquet, notaire royal et apostolique de la ville d'Eymoutiers, et de Marie Rousselle des Noailles, est né à Eymoutiers le 8 avril 1753. Il fut d'abord vicaire à Saint-Pierre-Château, une des paroisses de la ville d'Eymoutiers jusqu'en 1785, puis vicaire de Châteauneuf; et aumônier de la famille de Miomendre.

(1) Registre de l'état civil de la commune de Limoges.

Il refusa le serment schismatique de la constitution civile du clergé, ainsi que son curé M. Joseph Cramouzaud, malgré les instances que faisait la municipalité, le dimanche 16 janvier 1791, et le dimanche 30 du même mois. Dès ce moment, ils furent l'un et l'autre exposés à toutes les tracasseries des administrateurs de Châteauneuf qui ne pouvaient souffrir les marques d'affection et d'attachement que ne cessaient de donner à ces deux saints prêtres le plus grand nombre des paroissiens.

Cet état de choses se prolongea jusque vers Pâques. Le 19 avril 1791, mardi de la semaine sainte, l'abbé Tiquet était à l'église avec M. Ducoux, curé de Neuvic, lorsque les officiers municipaux vinrent y dresser procès-verbal contre le curé de la paroisse et contre M. Gaston, curé de Sainte-Anne, qui y confessaient en ce moment, sous prétexte qu'ils avaient refusé l'absolution à des hommes qu'ils regardaient comme excommuniés. Ils s'emparèrent des clefs de l'église et de la sacristie, et en chassèrent le curé, le vicaire et les autres prêtres qui s'y trouvaient. Le maire fut chargé de chercher un prêtre pour desservir la paroisse. Le 21 avril, jour du jeudi saint, le sieur Lachaise, prêtre constitutionnel, fut mis en possession de l'église (1).

Après cette expulsion, l'abbé Tiquet resta, comme aumônier, au château de Châteauneuf. Mais avant la fin de l'année, il eut à souffrir de nouveau des tracasseries de la municipalité, qui alors s'attaquait aux propriétaires du château. La lettre suivante, écrite à ce sujet, ne cache pas que l'abbé Tiquet était aimé de toute la paroisse.

Le 22 décembre 1791.

Madame,

Sachant la répugnance que vous et M. de Châteauneuf avez d'entendre la messe d'un prêtre constitutionnel, notre municipalité a souffert jusqu'à présent que vous eussiez un non conformiste pour aumônier; mais comme il a été défendu de tous temps de célébrer la messe les fêtes annuelles ailleurs que dans l'église paroissiale, sans une permission expresse de l'évêque, du consentement du curé, nous espérons que le jour de Noël, autant que vos santés vous le permettront, vous voudrez bien, M. de Châteauneuf et vous, assister à la paroisse et y renvoyer tous vos gens. Pour lever votre scrupule, nous prions M. Tiquet de venir donner les trois messes de nuit, ou de jour, à sa commodité; il satisfaira par ce moyen toute la paroisse. Honorez-nous d'un mot de réponse, afin que nous soyons sûrs, autrement nous ne pourrions répondre des événements fâcheux qui pourraient en résulter. Notre garde nationale demande, ainsi que toute la paroisse, l'exécution de l'arrêté du 10 mai dernier, nous serons forcés de lui obéir. Nous espérons

(1) Registre de la municipalité de Châteauneuf.

que vous voudrez bien nous éviter ce désagrément et nous croire ceux qui avons l'honneur d'être avec respect, Madame, vos très humbles et très obéissants serviteurs.

Signé : Joliet, maire; Soulière, Boussely, Couade, Froment, officiers municipaux.

Dans la réponse, on voit que l'abbé Tiquet venait de quitter Châteauneuf pour se rendre dans sa famille :

23 décembre 1791.

Je serais enchantée, Monsieur, de pouvoir faire tout ce que vous désirez. Vous savez qu'en tout, et dans tous les temps, nous avons été soumis à la loi comme au bien public; si cela devait faire l'arrangement de la paroisse, nous nous serions privés de la messe, parce que nous sommes hors d'état de sortir de chez nous, étant mon mari et moi fort incommodés. M. l'abbé Tiquet est parti ce matin, sur une lettre qu'il a reçue de sa mère; je pense qu'il passera les fêtes dans sa famille. Je sais, Messieurs, que nous ne pourrions faire dire la messe dans notre chapelle domestique, sans une permission expresse, les fêtes solennelles; il y a trois ou quatre ans que nous y avons pourvu, nous avons même la permission d'y faire nos Pâques. Quant à la clôture de la chapelle dont vous me menacez en le faisant vous n'avez pas réfléchi que ces chapelles sont regardées par les décrets de l'Assemblée nationale, comme une propriété inviolable et utile pour le culte intérieur des maisons. Une autre fois cette question s'était agitée dans votre municipalité. M. Joliet, qui était dans ce moment procureur de la commune, m'écrivit que je devais être tranquille et qu'il avait lu aux municipaux le décret qui nous autorisait à faire dire la messe dans notre château. Tout nouvellement, il vient d'être écrit une lettre par un administrateur du département de la Haute-Vienne, qui doit tous nous fixer sur la liberté des opinions religieuses. Elle est signée, je vous en envoie une copie; vous y verrez qu₋ chacun peut suivre l'exercice de son culte particulier, partout où il veut (1). Je vous remercie infiniment de la peine que vous avez eue de contenir la garde nationale; je pense qu'elle est incapable de nous faire aucun mauvais tour. Ses membres sont trop pénétrés de leurs devoirs pour oublier qu'ils doivent protéger les personnes et les propriétés.

J'ai l'honneur d'être, Messieurs, votre très humble et obéissante servante

Signé : Miomendre de Châteauneuf.

La municipalité de Châteauneuf lui répondit par la lettre suivante, dans laquelle elle annonce qu'elle « est décidée à expulser M. Tiquet ».

En notre chambre de commune, le 26 décembre 1791.

Madame,

Lecture faite parmi nous de votre lettre en date du 23 décembre, délibération prise, il a été arrêté que, malgré votre prétendue soumission à la loi

---

(1) Lettre du 4 décembre 1791 de M. Garat de Nedde, administrateur du département, qui dit que les opinions sont libres ainsi que les pratiques religieuses.

comme au bien public, la municipalité mettrait en vigueur l'arrêté du département de la Haute-Vienne dont nous vous avons parlé dans notre lettre du 22 courant, et duquel vous avez certainement pleine connaissance....

Ainsi ,Madame, dès que votre santé et celle de M. de Châteauneuf seront rétablies, nous nous flattons que vous nous accorderez la satisfaction d'assister à la messe paroissiale. Et pour vous y engager, la paroisse dont nous sommes les interprètes est décidée à expulser M. Tiquet, si vous n'exhibez une permission de Mgr l'évêque de ce département, visée par votre curé. Celle accordée à vous depuis trois ou quatre ans, dont vous n'avez jamais fait usage, est abolie par l'extinction de ceux qui avaient alors droit de vous l'accorder. . .

Nous vous observons que si vous persistez dans les faux préjugés d'un parti si ennemi du bien public, notre municipalité se rendra en votre maison pour mettre les scellés sur votre chapelle. Nous avons l'honneur d'être, Madame, vos très humbles et très obéissants serviteurs : *Signé* : Joliet maire; Bousseli, Froment, Soulière, Tixier, Couade, échevins (1).

A partir de ce moment, la vie de l'abbé Tiquet devint de plus en plus pénible. Comme l'abbé Esmoingt, il resta longtemps caché dans une grotte, et aussi, tout comme lui, il fut arrêté avec sa sœur Catherine Tiquet, veuve Martinet, qui était née à Eymoutiers le 16 août 1756. D'Eymoutiers, ils furent conduits dans les prisons de Limoges ainsi que la pièce suivante le porte :

« Le Comité de surveillance arrête que son trésorier payera au citoyen Belgaud, lieutenant de la gendarmerie nationale d'Eymoutiers, la somme de soixante-douze livres, pour frais d'arrestation et de conduite de Tiquet, prêtre et de sa sœur, ainsi que pour frais de garde des scellés, faits par la municipalité d'Eymoutiers.

« Limoges, le 30 brumaire de l'an 2º de la Rép. fse (20 novembre 1793). *Signé* : Villestivaud, pour le président. Pour acquit Belegaud (2). »

Le tribunal criminel de Limoges condamna à mort l'abbé Tiquet et sa sœur à six ans de prison. L'exécution du premier eut lieu le jour même; à cinq heures et demie du soir, pour la quatrième fois en deux heures, le sang d'un prêtre coulait sur la place de la Fraternité. Voici l'acte mortuaire qui le constate :

Aujourd'hui, deuxième frimaire l'an second de la République française (22 novembre 1793), est décédé hier soir, à cinq heures et demie, sur la place de la Fraternité dans cette commune et section de l'Egalité, Jean Tiquet, ancien vicaire de Châteauneuf, âgé de trente-cinq ans, ainsi qu'il résulte de l'extrait du procès-verbal en date du jour d'hier, signé Bardinet, greffier

(1) Ces trois lettres sont au registre de la municipalité de Châteauneuf.
(2) *Archives de la Haute-Vienne*, L. 841.

du tribunal criminel, lequel demeurera annexé aux présentes. — *Signé* : Pezaud, officier public (1).

Après le supplice d'un martyr tout n'était pas fini pour l'administration républicaine, elle s'en prenait encore à ce qu'il pouvait laisser. C'est ce qu'elle fit après la mort de l'abbé Tiquet ; elle fit rechercher tout ce qu'il pouvait posséder, et à son grand déplaisir elle ne trouva que quelques meubles et quelques effets qu'elle fit vendre le 28 fructidor an II (14 septembre 1794) (2).

A cette date Catherine Tiquet, condamnée à six ans de prison, subissait cette peine dans la maison de force de Limoges. Un peu plus tard, elle fut libérée par un arrêté du représentant du peuple en mission, Cherrier, qui le 28 mars 1795 constatait l'illégalité du jugement rendu par le tribunal criminel de Limoges. Les juges de ce tribunal ne l'avaient pas prononcé en s'appuyant sur les principes de la justice, mais sur ceux, émis le 21 mai précédent, au club des Jacobins de Limoges : « Que l'opinion publique doit suffire aux tribunaux pour juger les hommes qu'on amène à leur barre (3). »

III

Jean-François Rempnoux appartient à une famille qui a eu deux prêtres martyrs pendant la Révolution. Le second est Pierre-Paul Rempnoux, né en 1751, qui étant vicaire de Rochechouart en devint curé en 1780, par la résignation que fit en sa faveur Pierre Nadaud. Mais en 1784, il se démit de cette cure par délicatesse de conscience, ne croyant pas pouvoir remplir les devoirs de sa charge pastorale à la suite d'une maladie dont il avait été atteint. Emprisonné d'abord à Limoges et quoique fort malade, on le fit partir pour la déportation maritime par Rochefort le 20 mars 1794. Il y succomba, sur le navire les *Deux-Associés*, le 7 juillet de la même année.

Jean-François Rempnoux du Vignaud est né à Chirac, dans l'ancien archiprêtré de Saint-Junien au diocèse de Limoges, aujourd'hui canton de Chabanais, département de la Charente. Voici son acte de baptême :

« Le vingt janvier mil sept cent soixante-quatre est né et a été baptisé Jean-François, fils de Jean Rempnoulx, sieur du Vignaud, bourgeois, et de Marie Defuas, sa femme. Le parrain a

(1) Registre de l'état civil de la commune de Limoges.
(2) *Archives de la Haute-Vienne*, liasse 274.
(3) FRAY-FOURNIER, *Club des Jacobins de Limoges*, séance du 21 mai 1793.

été François Rempnoulx et la marraine Anne Rempnoulx, qui n'ont su signer. — Cordeau vicaire de Chirac. — Pour copie conforme au registre de la paroisse de Chirac, *Signé* : J. Léonard, curé de Chirac, 10 septembre 1888 ».

Il fut ordonné diacre à Limoges, le 3 avril 1790, à la dernière ordination que fit dans cette ville Mgr d'Argentré (1), mais plus tard il se rendit à Paris, près de lui, pour recevoir la prêtrise, comme le firent quelques autres diacres.

La tradition nous apprend qu'on « parlait de lui comme d'un ecclésiastique spirituel, un peu caustique, faisant des vers. Il avait même chansonné les travers de quelques hommes de temps, ce qui ne lui fut jamais pardonné (2) ».

Il fut arrêté par ordre du comité de surveillance de la Haute-Vienne, et conduit dans les prisons de Limoges, où il se trouve le 3 novembre 1793.

L'exécution de l'abbé Rempnoux à Limoges a eu lieu dans des circonstances particulières qu'il est nécessaire de faire connaître :

La municipalité de Limoges avait dressé une liste des suspects ; le Comité de salut public du département, prit, le 11 septembre 1793, un arrêté ordonnant que toutes les personnes suspectes seraient mises en état d'arrestation.

Par mesure de précaution, il avait été décidé que les suspects d'un département, quand leur présence offrirait, dans les prisons du chef-lieu, des inconvénients pour la sécurité publique, seraient transférés dans un département voisin. Le représentant du peuple Lanot, qui jouissait alors d'une grande faveur à la société populaire de Limoges, suggéra à celle-ci l'idée de demander l'échange des suspects entre la Corrèze et la Haute-Vienne. C'était au Comité de surveillance qu'il appartenait de statuer ; ce Comité n'était en ce moment qu'une émanation de la société populaire. Sûr d'avance de l'assentiment des représentants en mission, il s'aboucha sur le champ avec les autorités de Tulle (3).

Celles-ci accueillirent avec empressement la proposition qui leur était faite, et le 1er frimaire an II (24 novembre 1793), trois jours après la mort des quatre martyrs précédents, les suspects désignés pour être transférés à Tulle partirent de Limoges sur

____

(1) Archives de l'Evêché. — Registre des ordinations.
(2) Lettre de M. Nauglard, vic. gén. d'Angoulême, 10 septembre 1888.
(3) *Société des Lettres, sciences et arts de la Corrèze*, Tulle 1910, p. 422-438.

des charrettes. Le voyage fut pénible. Dans plusieurs localités ils furent insultés, menacés même par la population. Ils étaient accompagnés d'un détachement de volontaires de la garde nationale de Limoges et d'un des chef les plus actifs de la Société populaire, membre du Comité de Salut public, qui de leur côté ne leur épargnaient pas les mauvais traitements.

L'arrivée des suspects de Limoges avait été annoncée aux patriotes de Tulle, ils leur préparèrent « une réception civique ». La guillotine était dressée sur la principale place, et un simulacre d'exécution eut lieu au moment où les charrettes débouchèrent de la route de Limoges (1).

Le délégué du comité de salut public, de Limoges, chef d'escorte, Guillaume Imbert, informa la société populaire de la réception patriotique que les suspects de la Haute-Vienne avaient trouvée à Tulle ; il engagea en même temps le Comité de surveillance à préparer une pareille réception aux gens suspects du département de la Corrèze qui devaient arriver incessamment à Limoges.

C'est exactement ce qu'on trouve au procès-verbal de la séance du 9 frimaire an II (29 novembre 1793), avec la détermination que prit cette société alors toute puissante à Limoges. En voici les termes :

« Lecture d'une lettre d'Imbert, commissaire envoyé à Tulle pour suveiller le transport de gens supects de ce département dans celui de la Corrèze, pour laquelle il donne le détail de la réception que les sans culottes de Tulle ont faite à ce convoi. Il invite le Comité de surveillance à préparer une pareille réception aux gens suspects du département de la Corrèze ; qui doivent arriver incessamment en cette ville. *La société arrête que le tribunal criminel sera invité à juger quelques aristocrates détenus pour que son (sic) exécution coïncide avec l'arrivée de ceux de la Corrèze.* Le Comité d'instruction publique demeure chargé d'ordonner la cérémonie (2) ».

Le tribunal criminel de Limoges s'empressa d'obéir à cet ordre du club, et pour lui plaire, il condamna à mort, et fit exécuter l'abbé Rempnoux. Voici le jugement qu'il rendit pour cela :

(1) DE SEILHAC. *Scènes de la Révolution en Bas-Limousin*, p. 374.

(2) FRAY-FOURNIER, *Le Club des Jacobins de Limoges*, p. 216.

Du quinze frimaire l'an 2ᵉ de la République française (5 décembre 1793)

Entre l'accusateur public du tribunal criminel du département de la Hte-Vienne, demandeur et accusateur en crime de chanson contre révolutionnaire.

Contro Jean-François Rampnoux, diacre, prisonnier détenu dans la maison de justice du département, accusé dudit crime.

Vu, etc.

Le tribunal criminel après avoir entendu les deffenses de l'accusé, et les observations de l'accusateur public, déclare : 1° qu'il est constant qu'il a été composé une chanson à la suite d'une lettre adressée à madame Laubicherie (?).

2° Qu'il est constant que cet écrit tendait à avilir la représentation nationale et en provoquer la dissolution, ainsi que le rétablissement de la royauté et l'anéantissement de la liberté.

3° Qu'il est constant que Jean-François Rampnoux est convaincu d'être l'auteur de cet écrit.

4° Qu'il résulte de l'aveu de Rampnoux qu'il a été prendre la messe de d'Argentré, évêque réfractaire de l'ancien diocèse de Limoges, au mépris des principes établis pour lors dans la constitution civile du clergé.

5° Qu'il est constant que Rampnoux a cherché à se soustraire à la loi du recrutement, à laquelle il était soumis, n'étant revenu que comme diacre sans fonctions ecclésiastiques.

6° Qu'il résulte pareillement de l'aveu de Rampnoux qu'il n'a pas prêté le serment de l'Egalité et de la Liberté prescrit par le décret du...

En conséquence, ouï de nouveau l'accusateur public provisoire sur l'application de la peire, condamne le dit Jean-François Rampnoux à la peine de mort, conformément aux dispositions du décret de la Convention nationale du quatre décembre dernier et de la loi du ving-neuf mars aussi dernier, dont il a été fait lecture et qui sont ainsi conçus :

Loi du 4 décembre 1792. — La Convention nationale décrète que quiconque proposerait ou tenterait d'établir en France la royauté ou tout autre pouvoir attentatoire à la souveraineté du peuple, sous quelque dénomination que ce soit sera puni de mort.

Loi du 29 mars 1793. Art. 1ᵉʳ. — Quiconque sera convaincu d'avoir fait, ou imprimé des ouvrages, ou écrits qui provoquent la dissolution de la représentation nationale, le rétablissement de la royauté, ou de tout autre pouvoir attentatoire à la souveraineté du peuple, sera traduit au tribunal extraordinaire et sera puni de mort.

Déclarons les biens dudit Rampnoux acquits au profit de la République, conformément à l'article IIᵉ du titre IIᵉ de la loi du 10 mars dernier, dont il a été fait lecture et qui est ainsi conçu :

Loi du 10 mars 1793. Art. II du titre II. — Les biens de ceux qui seront condamnés à mort seront acquis à la République, et il sera pourvu à la subsistance des veuves et des enfants s'ils n'ont pas de bien d'ailleurs.

Au surplus le tribunal arrête que la chanson dont il a été parlé dans l'octe d'accusation, ne sera pas insérée dans le jugement imprimé, à cause de l'avidité que chaque ennemi de la révolution aurait à la répandre et pour éviter qu'elle n'expose aucun autre citoyen aux peines de la loi.

Ordonne qu'à la diligence de l'accusateur public provisoire le présent jugement sera exécuté dans les vingt-quatre heures sur la place de la Fraternité, publié et affiché partout où besoin sera.

Fait et jugé à Limoges les jour, mois et an que dessus. *Signé* : J.-J.B. Gonneau, président. Cousin, greffier (1).

Personne ne pouvait mieux nous renseigner sur l'ignoble « cérémonie » que les clubistes organisèrent à Limoges pour la réception des suspects de Tulle que les sans culottes du club qui l'ont organisée eux-mêmes, qui ont pris le soin de nous en donner la description dans leur organe le *Journal du département de la Haute-Vienne*. Voici ce que nous lisons à ce sujet dans ce journal :

« Parmi les différentes journées que le peuple de cette commune a consacrées depuis quelque temps à confondre l'aristocratie et à extirper les erreurs sacerdotales, celle du 15 frimaire (5 décembre 1793) doit être distinguée; elle est remarquable par sa *piquante singularité*. On attendait depuis plusieurs jours les hommes suspects de la Corrèze, dont l'échange avait déjà été arrêté. L'on fut enfin instruit qu'ils devaient arriver le 15. Les sans-culottes de Limoges instruits qu'ils devaient arriver le 15. Les sans-culottes de Limoges crurent qu'il convenait de leur donner une *scène intéressante* et de se montrer dignes de l'idée qu'on avait conçue de leur républicanisme. Une affluence de peuple se porta dans le temple de la Raison (église de Saint-Michel-des-Lions) pour délibérer sur le mode de réception. On convint généralement que l'on ne pouvait mieux les recevoir qu'en repaissant leurs yeux de tout ce qui faisait *le beau* de l'ancien régime, de tous ces objets pour lesquels ils avaient marqué un attachement si vif et si soutenu. En conséquence, les uns endossèrent des chapes et des chasubles, les autres des robes de conseillers, d'avocats et de procureurs. Quelques-uns s'étaient métamorphosés en pénitents. Plusieurs avaient préféré le costume des Carmes et des nonnes. On voyait à la porte du temple un bouc qui devait traîner les titres de la féodalité et de la superstition, et un âne mitré sur lequel devait monter un prêtre. Ils semblaient être impatients de remplir leur tâche patriotique. D'un autre côté on voyait construire un sarcophage représentant la destruction du royalisme, du fanatisme, etc. Tout ayant été disposé, on est parti du temple de la Raison pour aller sur la route de Tulle (2) audevant du cortège. A son approche, tout a pris figure. On a ouvert la marche. Un détachement de la garde nationale allait en avant; après lui venaient les pénitents qui encensaient de vaines idoles, au milieu desquelles était un âne mitré, monté par un prêtre. Ce dernier était placé à rebours; il tenait à l'une de ses mains une patène et de l'autre un purificatoire. Venait ensuite un évêque qui marchait à pas lents et donnait à chaque instant la bénédiction au peuple. Il était suivi du roi Cochon; c'en était un véritable, à la tête duquel on avait mis une couronne et que l'on avait chamarré de cordons et de crachats. Il portait cette inscription : *Je suis le roi Cochon.* Un second cochon, attaché, comme le premier, à une pique,

(1) *Archives de la Haute-Vienne.* — *Registre du tribunal criminel*, L 893, p. 5.

(2) Faubourg du Pont Saint-Martial.

représentoit le pape; sa triple couronne était renversée; il était revêtu de ses habits pontificaux et on lisait sur son ventre cette inscription : *Ego sum papa.* Après le pape on voyait quatre sans-culottes porter un grand sarcophage sur lequel on lisait ces mots : *Royalisme, féodalité, fanatisme, égoisme fédéralisme.* Autour de lui, des sons lugubres se faisaient entendre; des hommes, les cheveux épars et en habits de deuil, se lamentaient et faisaient retentir les airs de leurs gémissements. Une foule de sans-culottes suivaient de près en chantant : *Requiescant in pace.* La déesse de la Raison, accompagnée du président de la Société populaire (1) venait après en chantant des hymnes patriotiques. La marche était fermée par douze chariots de la mauvaise marchandise de Tulle. La procession a fait dans cet ordre le tour et traversé de la ville et s'est rendue sur la place de la Fraternité (2). *Là on a vu dame Guillotine disposée à expédier un prêtre fanatique. On a rangé les aristocrates autour d'elle et l'exécution a eu lieu.* On a ensuite terminé la cérémonie en brûlant le sarcophage et les dépouilles des églises, au milieu des cris de : *Vive la République* (3) ».

Un détenu de la Maison de réclusion de Brive, le citoyen Lajugie, a aussi publié le récit du voyage des prisonniers de Tulle conduits à Limoges, où ils ont assisté à l'exécution de l'abbé Rempnoux le 5 décembre 1793. Nous le donnons ici, il complétera et corroborera celui qui précède :

« Il nous arriva d'autres camarades de Monfranc, Colonges, Meysac et autres lieux environnants, communes du district, qui furent d'abord conduits à Tulle en passant par Brive et ensuite de Tulle à Limoges.

« Ils étaient 67 en partant de Tulle, se trouvant échangées contre pareil nombre, qui étaient déjà arrivés de Limoges. On les plaça sur cinq charrettes, dont trois couvertes de toile et deux autres à découvert.... Le commandant de l'escorte avait donné l'ordre de tirer sur ceux d'entre eux qui bougeraient de leur place sans sa permission. C'était dans le plus fort de l'hiver. Arrivé à Seilhac, on s'arrête pour dîner. L'escorte fut bien pourvue, mais les pauvres malheureux restèrent sur les charrettes, exposés à l'air, au milieu du chemin, pour ne manger que du pain sec, avec un verre de vin; ils n'en eurent pas davantage à Uzerche, à l'exception d'un peu de fromage. On les fit coucher dans une église sur un peu de paille, sans couvertures ni draps. Une comporte leur servit de pot de nuit. Le lendemain au soir ils arrivèrent à Pierrebuffière, où l'on avait illuminé pour les recevoir. On les plaça de même dans une église, mais ils furent mieux traités par les citoyens de cette ville, qui leur fournirent à souper, à l'insu des gens de l'escorte de Tulle que la garde nationale de Pierrebuffière avait remplacés. Le lendemain ils aboutirent à Limoges, dont la cavalerie avait été les attendre à la distance d'une demi-lieue. Pendant le voyage, ils essuyèrent plusieurs huées, sans autre accident que la chute d'un garde, qui, rempli de vin, se laissa tomber de sur une

(1) Boysse, régent des charrois militaires, était alors président.
(2) Jadis place Tourny, aujourd'hui place Jourdan.
(3) *Journal du département de la Haute-Vienne*, n° XV°, 22 frimaire an II (12 décembre 1793).

charrette et ne prit aucun mal, quoique les roues lui passassent sur le corps. La providence veillait sur lui.

« On détruisit ce jour, à Limoges, les bustes des ci-devant saints, leurs prétendues reliques, et tous les ornements du culte aboli, qu'on portait grotesquement en farandole. Ce jour là était aussi choisi pour l'exécution d'un ci-devant prêtre réfractaire. La cohorte de Tulle et la cavalerie de Limoges promenèrent dans toutes les rues les charrettes où étaient les détenus voyageurs, aux acclamations du peuple qui, excité par leur présence, criait : *Au gibier de la guillotine. Il faut les guillotiner tous !* Après leur avoir fait parcourir tous les carrefours de la ville, on les plaça à la bouche du canon, qu'on paraissait vouloir tirer sur eux, et vis-à-vis l'échafaud de la guillotine. Quand l'expédition du malheureux prêtre fut faite, tandis que son sang jaillissait à leurs yeux, le bourreau tourne ses regards vers eux, demande du secours pour expédier tout le monde et par quelle charrette il commencera. Il s'élève un bruit confus, parmi lequel on entend distinctement qu'il faut que la guillotine aille son train ; mais le bourdonnement s'était apaisé peu à peu, et la foule n'étant plus si agitée, on fait filer au milieu d'elle les charretes qu'on conduit à la maison d'arrêt, où nos infortunés furent déposés. Ils n'ont pas eu lieu de se plaindre de la manière avec laquelle ils ont été traités pendant le séjour qu'ils y ont fait ; et ce n'est qu'avec regret qu'ils l'ont quittée pour être reconduits à Tulle, en vertu de la loi qui renvoyait chaque détenu dans la maison d'arrêt du district de sa résidence. Il ne restèrent que trois jours dans cette dernière ville avant d'être transportés parmi nous, mais ils eurent beaucoup à y souffrir ; ils y couchaient sur un peu de paille, entièrement rongée par les rats et la vermine. On les dépouilla de tous leurs effets ; leurs montres, leur porte-feuilles, leurs hardes et leur linge furent enlevés et ce n'a été que par leurs réclamations et leurs plaintes réitérées qu'ils sont parvenus à obtenir la restitution d'une partie de leurs hardes ».

Un groupe de prêtres du département de l'Allier que l'on conduisait à Rochefort assistèrent aussi à l'exécution de l'abbé Rempnoux. Voici ce que rapporte un de ces vertueux confesseurs de la foi :

« Des ecclésiastiques du département de l'Allier, au nombre de vingt quatre, à la tête desquels était M. Imbert, ex-jésuite et vicaire apostolique du diocèse de Moulins, arrivèrent à Limoges. Ils trouvèrent aux portes de la ville une multitude immense que la curiosité avait attirée pour considérer un spectacle d'un genre nouveau ; c'était une grande quantité d'ânes et de boucs couverts d'habits sacerdotaux qui s'avançaient en formant une longue file, et un énorme cochon, revêtu d'ornements pontificaux qui fermait la marche ; une mitre fixée sur la tête de ce dernier animal portait une inscription : *le Pape.* Celui qui présidait à cette pompe irréligieuse, dont il était l'inventeur fit arrêter les charrettes qui voituraient les ecclésiastiques, leur ordonna de descendre et les mit deux à deux, en rang avec les animaux. La procession sacrilège entra ainsi dans la ville. Quand elle fut parvenue à la place principale, on la rangea en cercle autour de l'échafaud, sur lequel était établie la guillotine. Alors le cercle s'ouvrit pour donner passage à la gendarmerie qui amenait un prêtre non assermenté, que le tribunal révolutionnaire venait de condamner à mort. L'exécution se fit aussitôt. Le bourreau montra ensuite la tête qu'il venait d'abattre et dit : *Les scélérats que vous voyez ici méritent d'être traités comme celui que je viens d'exécuter; par lequel voulez-vous que je commence ?* Le peuple s'écria : *Par celui que tu voudras.* Cependant après que la multitude eut savouré le plaisir de les effrayer par l'apparence d'une mort prochaine, on les conduisit en prison pour y passer la nui Ainsi se termina cette journée qui leur sembla être la dernière de leur voyage et de leur vie; le jeu cruel qu'on se permit à leur égard se borna à la dérision et a la terreur (1) ».

La Biche de Reignefort a aussi publié quelques lignes sur la mort de l'abbé Rempnoux, mais pour éviter la honte d'une semblable action à Limoges et à ses habitants, il ne donne ni le nom de la ville, ni celui du prêtre guillotiné. Voici ce qu'il a écrit :

« Les prêtres de l'Allier parmi lesquels étaient un grand nombre de respectables vieillards plus que sexagénaires, étant arrivés tout transis de froid, dans une ville départementale qui se trouvait sur leur passage. on les força brutalement d'assister à une espèce de procession sacrilège, où tout ce que la religion a de plus vénérable fut ignominieusement traîné dans la fange, avec des circonstances que ma plume se refuse à décrire; après quoi, pour mettre le comble à cette scène d'horreur, on les rendit témoins du supplice d'un jeune prêtre du même département, qu'on guillotina sous leurs yeux, en leur faisant accroire qu'ils allaient tous subir le même sort (2) ».

Voici l'acte mortuaire de l'abbé Rempnoux.

Aujourd'hui seize frimaire, l'an second de la République française, (6 décembre 1793), est décédé hier soir à cinq heures, sur la place de la Fraternité de cette commune et section de l'Égalité, Jean-François Rampnoux diacre, âgé de trente ans, demeurant au Feu de Chirac, canton de Chabanais département de la Charente, ainsi qu'il résulte de l'extrait du procès-verbal en date du jour d'hier, signé Cousin, greffier du tribunal criminel, lequel demeurera annexé aux présentes. *Signé* : Pezaud, officier public (3).

En terminant cette notice il est bon d'avertir le lecteur que l'abbé Guillon, dans les *Martyrs de la Foi pendant la Révolution française* (tome III, page 173), a attribué à l'abbé Gaston, guillotiné le 20 janvier 1794, ce qui est arrivé à l'abbé Rempnoux guillotiné le 5 décembre 1793. La preuve de cette erreur, qui a été suivie par plusieurs, se trouve dans les jugements rendus par le tribunal criminel, et publiés dans le présent travail.

(1) *Récit abrégé des souffrances de huit cents ecclésiastiques,* par M. Bottin. *Apud* Picot, *Mémoires pour servir à l'histoire,* VI, 382.

(2) *Relation très détaillée de ce qu'ont souffert pour la religion les prêtres,* par La Biche de Reignefort, p. 19.

(3) Registre de l'état civil de la commune de Limoges.

Le journal de Limoges *La Province* a publié en 1849, sous le titre de *Mémoires de Champalimaud*, bien d'autres détails sur les événements révolutionnaires, et en particulier sur l'exécution de l'abbé Rempnoux. Il vaut la peine de citer ici les réflexions par lesquelles l'auteur termine, dans le n° du 20 novembre 1849, ce qu'il rapporte sur cet abbé :

« Le suppl ce de l'abbé Rempnoux s'est perdu dans le nombre des crimes de la Révolut on; il est cependant un des plus iniques et des plus atroces, à cause des circonstances qui le précédèrent. Chose triste à dire : il se trouvait dans cette honteuse mascarade qui assista à l'exécution de ce prêtre, des hommes qui ont été honorés plus tard, et qui peut-être, hélas ! ont été vraiment honorables. Ont-ils pu oublier, dans les positions éminentes qu'ils ont occupées, la complicité qu'ils eurent dans cette profanation de toutes choses saintes ? Dieu seul le sait. Mais ce qui a pu frapper ceux qui les ont connus, c'est que, à mesure qu'ils se sont élevés, ils ont voulu faire honorer en eux les caractères sacrés qu'ils avaient si solennellement bafoués. Le peuple, qui garde si bien la mémoire des fautes, s'est souvent étonné de voir quelques-uns de ceux qui avaient participé à ces actes abominables, si bien récompensés; il l'a exprimé parfois d'une façon bien sanglante; et plus sévère que les fils des victimes de la Révolution, il n'a jamais accordé son respect ou sa confiance à ses compagnons de débauches politiques ».

IV

Etienne Gaston, fils de Léonard et de Jeanne Ribière, naquit à Limoges le 1er mai 1753. Le lendemain de sa naissance ses parents, qui habitaient rue Croix-Neuve, le portèrent baptiser à Saint-Michel. Son oncle maternel et sa tante paternelle furent ses parrains. Voici l'acte de baptême qui est au registre de cette église :

« Le deuxième may mil sept cent cinquante trois a été baptisé dans cette église par moy soussigné, docteur en théologie de la faculté de Paris, Etienne né la veille dans la rue Croix-Neuve, fils de Léonard Gaston, chaudronnier, et de Jeanne Ribière, son épouse légitime; a été parrain Monsieur Etienne Ribière, prêtre a u présent diocèse, et marraine Catherine Gaston, épouse de François Dupont, notaire de la ville de Saint-Léonard, lesquels ont signé avec nous. — *Signé* : Catherine Gaston. — Ribière, prêtre. — De Fressanges, vicaire (1) ».

Le parrain d'Etienne Gaston fut nommé curé de Milhaguet en 1754; il y resta jusqu'à ce qu'il en fut expulsé en 1792 pour refus de serment, subit à Limoges la prison pendant toute la persécution, et mourut au mois de mai 1801 (2).

(1) Registres paroissiaux de Saint-Michel des Lions.
(2) Voir sa notice biographique : *Martyrs et Confesseurs* , t. IV, p. 722.

Etienne Gaston eut plusieurs frères et sœurs. Une de ces dernières fut religieuse, une autre, Anne Gaston, épousa le 17 février 1779 Jean-Baptiste Nouailher, le dernier de nos émailleurs limousins.

C'est au collège de Limoges qu'Etienne Gaston fit ses humanités et deux ans de philosophie, après lesquels il se présenta aux examens pour être admis au Séminaire des ordinands. Il y fut reçu le 30 décembre 1774 (1). Lorsqu'il fut prêtre, il devint vicaire de M. Bourdeau, curé de Saint-Barthélemy-de-Villechalane, paroisse qui était alors du diocèse de Limoges, et qui maintenant est dans celui de Périgueux. On y trouve sa signature dans les registres paroissiaux depuis le 16 mai 1778 jusqu'au 9 février 1784.

C'est en 1784 qu'il fut nommé vicaire à Meilhac. Là il faisait tout le service de la paroisse, parce que M. Robert qui en était curé depuis 1756 était presque infirme. Mais lorsque M. Dumas, autre confesseur de la foi, eut été nommé curé de Meilhac en 1787, l'abbé Gaston n'y fut plus aussi nécessaire, et nous voyons dans la *Feuille hebdomadaire de Limoges* « que le 11 février 1790, Monseigneur, sur la présentation de M. le commandeur de Sainte-Anne, nomma l'abbé Gaston curé de Sainte-Anne ». Ce fut dans cette localité, au milieu des montagnes qu'il vit arriver la Révolution. L'amour qu'il avait pour ses paroissiens l'empêcha de sortir de France, quoiqu'il fut condamné à l'exil par la loi de déportation, comme ayant refusé de trahir sa foi et de rendre schismatique son ministère par la prestation du serment de la constitution civile du clergé.

On le retrouve encore à Châteauneuf le 19 avril 1791, le mardi de la semaine sainte, aidant M. Cramouzaud, curé de cette paroisse, pour confesser les habitants qui se disposaient à remplir leur devoir pascal. Mais ce jour les officiers municipaux de cette commune vinrent à l'église, s'emparèrent des clefs de l'église et de la sacristie et en expulsèrent les prêtres fidèles qui n'avaient pas cessé d'y exercer le saint ministère.

Il resta encore caché pendant quelque temps, dans la contrée, ne sortant guère que pendant la nuit; il alla même visiter la paroisse de Meilhac pour y remplacer M. Dumas qui était parti pour la déportation. Mais quelque temps après il fut arrêté et conduit dans les prisons de Limoges.

_____

(1) *Livre des examens pour la réception des ordinands*, p. 96.

Le 20 janvier on le fit comparaître devant le tribunal criminel de cette ville, en même temps que l'abbé Melchior Pérol, et ils furent l'un et l'autre condamnés à mort. Voici le jugement rendu par ce tribunal :

Du premier pluviose l'an deux de la République française (20 janvier 1794)

Entre l'accusateur public du tribunal criminel du département de la Haute-Vienne, demandeur et accusateur en crime d'émigration.

Contre Etienne Gaston, ci-devant curé de Sainte-Anne, et Melchior Pérol, ci-devant vicaire d'Eymoutiers, prisonniers détenus dans la maison de justice du département, accusés.

Le tribunal criminel jugeant hors la loi et révolutionnairement au nom du peuple français, faisant droit aux circonstances du délit dont les dits Melchior Pérol et Etienne Gaston sont prévenus.

Considérant que les deux prévenus ont pris, d'après leur aveu, des passeports, ce qui les fait présumer être rentrés en France, ou avoir restés cachés et de n'avoir pas déclaré devant l'administration du département dans les délais portés par l'article quatorze de la loi du 29 et 30 du premier mois. En déclarant qu'ils sont convaincus d'être sujets à la déportation, les condamne à la peine de mort, conformément aux articles 76, 77, 78 et 79 de la loi du 17 septembre 1793, et les articles 5, 14 et 15 de la loi du 29 et 30 du premier mois d^{er}, dont a été fait lecture et transcrits ci-après. Ordonne, à cet effet, que ladite peine de mort sera exécutée dans les vingt-quatre heures par l'exécuteur des jugements criminels sur la place de la Fraternité.

Au surplus le tribunal déclare que les biens desdits Gaston et Pérol sont confisqués au profit de la République; ordonne qu'il sera payé, à ceux qui les ont arrêtés, la somme de cent livres pour chacun des condamnés, et les condamne aux dépends.

Fait à Limoges en l'audience publique ledit jour premier pluviôse l'an deux de la République française.

Signé : Cousin, groffier (1).

Le jour même où ce jugement fut prononcé, l'abbé Gaston fut conduit sur la place de la Fraternité, et guillotiné à cinq heures du soir. Plusieurs membres de sa famille, et en particulier M. Mathieu Gaston, ordonné prêtre de ce diocèse en 1849, nous ont rapporté que le curé de Sainte-Anne, en allant à l'échafaud, eut la consolation de voir son frère qui put s'approcher de lui et lui adresser quelques paroles affectueuses. Après l'avoir embrassé, avant de se livrer au bourreau, notre martyr lui dit : « Porte à ma sœur, la religieuse, mon mouchoir et ma tabatière, c'est tout ce qui me reste. » La famille a conservé ces objets avec le plus grand soin.

(1) *Archives de la Haute-Vienne. — Registre du tribunal criminel*, L. 893, p. 9. Le président du tribunal n'a pas signé ce jugement sur le registre.

Voici l'acte mortuaire que garde le registre de l'état civil de la commune de Limoges :

Aujourd'hui, second pluviôse, l'an second de la République française une et indivisible (21 janvier 1794), est décédé hier soir, à cinq heures, sur la place de la Fraternité, section de l'Egalité, Etienne Gaston, âgé de quarante-trois ans, ci-devant curé de Sainte-Anne, canton d'Eymoutiers, y demeurant, ainsi qu'il résulte de l'extrait du procès-verbal en date du jourd'hui, signé Cousin, greffier du tribunal criminel, lequel demeurera annexé aux présentes. — *Signé* : Pezaud, officier public (1).

Nous avons signalé, à l'article de l'abbé Rempnoux, guillotiné le 5 décembre 1793, l'erreur de l'abbé Guillon dans son ouvrage les *Martyrs de la Foi pendant la Révolution française* (tome III, page 173), qui dit de l'abbé Gaston ce qui se rapporte à l'abbé Rempnoux.

Melchior Pérol est né à Eymoutiers le 14 février 1749. Après avoir fait la rhétorique, a philosophie, et deux ans de théologie au collège des Jacobins de Limoges, il se présenta, le 29 juillet 1770, à l'examen pour être reçu au Séminaire des Ordinands. L'ayant subi avec succès, il y fut admis à la rentrée de Noel de la même année. Il fut ordonné prêtre en 1773.

Au moment de la Révolution, il était prêtre communaliste et vicaire de Notre-Dame à Eymoutiers. Ainsi que son curé, M. Paul Esmoingt, il refusa le serment schismatique de la constitution civile du clergé. Son zèle pour le salut des âmes ne lui permit pas d'optempérer à la loi de déportation rendue le 26 août 1792, contre les prêtres non assermentés, et il resta dans la paroisse pour être utile à la religieuse population d'Eymoutiers. Il fut surpris dans l'exercice de ses fonctions sacerdotales et pour cela traîné dans les prisons de Limoges.

On le fit comparaître au tribunal criminel de cette ville et le 20 janvier 1794, il y fut condamné à mort, en même temps que l'abbé Gaston, ainsi qu'on le voit par le jugement reproduit ci-dessus. C'était le sixième prêtre né dans la région d'Eymoutiers dont le sang coula sur la place de la Fraternité de Limoges pendant cette persécution.

Voici l'acte mortuaire qui est au registre de l'état civil de la commune :

Aujourd'hui, second pluviôse, l'an second de la République française, une et indivisible (21 janvier 1794), est décédé hier soir à cinq heures et demie,

---

(1) Registre de l'état civil de la commune de Limoges.

sur la place de la Fraternité de cette commune, section de l'Egalité, Melchior Pérol, communaliste et vicaire de Notre-Dame d'Eymoutiers, y demeurant, âgé de quarante-deux ans, suivant l'extrait du procès-verbal en date d'aujourd'hui, signé Cousin, greffier du tribunal criminel, lequel demeurera annexé aux présentes. — *Signé* : Pezaud, officier public (1).

Après l'exécution de l'abbé Pérol, tout ce qu'il possédait fut confisqué au profit de la République. Il tenait de sa famille une maison confrontant au bâtiment de l'hôpital d'Eymoutiers, elle fut mise en vente le 25 avril 1794, au prix de 3,000 livres (2), Lui-même, par contrat du 23 décembre 1788 en avait acquis une de Jean-François Tunier, marchand de la ville d'Eymoutiers, moyennant 2,748 livres (3); elle fut mise en vente le même jour que la précédente au prix de 1.800 livres.

On trouvait encore à Eymoutiers le frère et la sœur de l'abbé Pérol, qui par suite de la confiscation de ses biens pétitoinnaient dans les termes suivants : le 1er floréal an VII (20 avril 1799) : « Joseph et Marie Pérol, frères, habitant la commune d'Eymoutiers, exposent qu'ils sont héritiers de droit de Melchior Pérol, leur frère, prêtre, dont la tête tomba sous le glaive de la loi comme préprêtre sujet à la déportation et qui n'avait pas obéi à la loi. Celle du 21 fructidor an III (7 septembre 1795) attribuant aux héritiers des prêtres déportés, ou sujets à la déportation, leurs biens, ils ont voulu se faire payer par plusieurs débiteurs de Melchior, leur frère; et comme ils ne peuvent pas les contraindre au payement sans justifier de la non inscription sur la liste des émigrés, ils demandent de vouloir bien, citoyens administrateurs, arrêter que ce certificat leur sera délivré (4) ».

Ce certificat leur fut accordé; il atteste ce que tout le monde savait, que *l'abbé Pérol n'avait pas émigré*, et malgré cela le tribunal de Limoges le jugea et le condamna à mort *pour crime d'émigration*, comme on le voit dans le texte du jugement reproduit ci-dessus.

Les actes de baptême, les jugements du tribunal criminel de Limoges condamnant à mort les huit prêtres ci-dessus, ainsi que l'acte mortuaire de chacun d'eux, sont des documents qu'il est bon de faire connaître pour éviter les erreurs dans lesquelles sont

(1) Registre de l'état civil de la commune de Limoges.
(2) *Archives de la Haute-Vienne*, Q. 278.
(3) *Feuille hebdomadaire de Limoges*, 7 janvier 1789.
(4) *Archives de la Haute-Vienne*, Q. 274.

tombés quelques auteurs. Si plus tard on fait une enquête pour constater les vertus et la mort héroïque de ces victimes de la Révolution, ils serviront de base aux recherches nécessaires pour cela.

Il existe à Tours une Société religieuse sous le nom d'*Œuvre des Martyrs de la Révolution*, dont le bnt est de conserver la mémoire des prêtres et des fidèles morts pour la foi. Sous son inspiration, des monuments, des croix, des épitaphes ont été érigés dans les lieux où quelques-uns de ces Martyrs sont nés, se sont sanctifiés, où sont morts. Plusieurs personnes s'occupant actuellement d'un semblable projet, voudraient élever à Eymoutiers une croix avec l'inscription suivante :

A la mémoire de huit prêtres morts pour la foi, guillotinés à Limoges par ordre du Tribunal criminel :

Le 13 *novembre* 1793,
Paul Esmoingt, curé d'Eymoutiers.

Le 21 *novembre* 1793,
Jean-Joseph Raymond, né à Eymo. tiers, en 1760, vicaire de Bonnac.

Jean-Baptiste Raymond, né à Eymoutiers en 1733, curé de Bussy.

Pierre Psalmet Cramouzaud, né à Eymoutiers en 1732, curé de Beaumont.

Jean Tiquet, né à Eymoutiers en 1753, vicaire à Châteauneuf.

Le 5 *décembre* 1793,
François Rampnoux, né à Chirac (Charente) en 1764.

Le 20 *janvier* 1794.
Etienne Gaston, né à Limoges, en 1733, curé de Sainte-Anne
Melchior Pérol, né à Eymoutiers en 1749, vicaire à Eymoutiers.

A. LECLER.

Limoges. — Imp. Ducourtieux et Gout, 7, rue des Arènes.